YK3160

LA FABLE
DES
ABEILLES,
OU
LES FRIPONS
DEVENUS
HONNETES GENS.

AVEC
LE COMMENTAIRE,
Où l'on prouve que les *Vices* des Particuliers tendent à l'avantage du Public.

TRADUIT DE L'ANGLOIS
Sur la Sixième Edition.

TOME QUATRIEME.

Pars sanitatis, velle sanari, fuit.
ANN. SENEC. Hypol. Act. I.

A LONDRES.
AUX DEPENS DE LA COMPAGNIE.

MDCCXL.

DIALOGUE V.

HORACE & CLEOMENE.

CLEOMENE.

Voila un très-bel *Ananas*, on ne peut rien manger de plus délicieux. Sa chair, quoique fibreuse, se fond toute en eau dans la bouche ; mais bien loin d'être fade, comme on devroit naturellement s'y attendre, elle pique agréablement la langue & le palais. Il n'y a point de fruit, du-moins que je connoisse, qui ait un pareil goût ; & il me paroît qu'il en sort une odeur, qui semble composée de celles qui s'exhalent de différentes espèces de Fruits délicieux, mais qui tous ensemble ne valent pas celui-là.

Hor. Je suis charmé que vous le trouviez de votre goût.

Cleo. Son odeur fait aussi revenir le cœur. Dans le tems que vous le pelliez, il sembloit que l'on répandoit dans la chambre un parfum exquis.

Hor. L'intérieur de l'écorce contient une huile dont l'odeur n'est point desagréable. Lorsqu'on broie cette écorce entre les doigts, les particules onctueuses s'y attachent, & y restent longtems. Quoique je vienne de laver & d'essuyer mes mains, l'odeur n'en sera pas encore entièrement passée demain matin.

Cleo. Voilà le troisième *Ananas*, que j'aïe jamais goûté, qui ait crû dans notre Ile. La production de ce Fruit dans les Climats Septentrionaux est une forte preuve de l'industrie humaine, & des progrès que nous avons faits dans le Jardinage. Avouez qu'il est bien agréable de respirer l'air sain des Régions Tempérées, & de pouvoir en même tems amener à une parfaite maturité un Fruit qui, pour parvenir à cet état de bonté ou de perfection, demande naturellement la chaleur de la Zone Torride.

Hor. Il n'est pas fort difficile de donner de la chaleur, mais le grand art consiste à en trouver & à en règler les degrés comme l'on veut, sans quoi il seroit impossible de faire mûrir un *Ananas* dans les Régions Septentrionales. Une des belles inventions de l'Esprit Humain est sans-contredit celle du *Thermomètre*. On peut par son moïen trouver exactement les degrés de chaleur nécessaires pour faire venir ce Fruit à une pleine maturité.——

Cleo. Je ne me soucie pas de boire davantage.

Hor. Vous en êtes parfaitement le maître : cependant j'allois vous porter une

une santé qui venoit ici fort à propos.

CLEO. Quelle est-elle, je vous prie?

HOR. C'étoit celle du Chevalier *Decker*, qui dans ce Roïaume a le plus contribué à la production & à la culture de ce Fruit étranger, dont nous venons de parler. Le prémier *Ananas* qui en *Angleterre* soit venu à une parfaite maturité, a crû dans son Jardin à *Richemond*.

CLEO. Je veux de tout mon cœur boire cette santé; mais nous finirons, s'il vous plaît, par celle-là. Ce Chevalier est libéral, & je le crois un très-honnête homme.

HOR. Il seroit bien difficile de nommer une autre Personne qui, avec la même connoissance du monde, & les mêmes talens pour gagner de l'argent, fût aussi desintéressé & bienfaisant. ——

CLEO. Avez-vous examiné les choses dont nous discourûmes hièr?

HOR. Depuis que je vous ai quité, je n'ai pensé à autre chose. Ce matin j'ai parcouru tout l'ESSAI SUR LE GOUVERNEMENT du Chevalier *Temple*, mais avec beaucoup plus d'attention que je ne l'avois lu ci-devant. Cet Ouvrage me plaît, à la réserve du passage que vous lûtes hièr, & de quelques autres qui vont au même but. Je ne puis point concilier ces endroits avec ce que la Bible nous apprend de l'Origine de l'Homme. Puisque tout le Genre Humain descend d'*Adam*, & par conséquent de *Noé* & de sa

Postérité, comment les Sauvages sont-ils donc venus dans le Monde?

Cleo. L'Histoire du Monde, par rapport aux prémiers siècles, est très-imparfaite. Nous ignorons quels ravages ont fait la Guerre, la Peste & la Famine; à quelle misère certains Hommes ont été réduits; & de quelle étrange manière notre Race a été dispersée & répandue sur la surface de la Terre, depuis le Déluge.

Hor. Mais puisque les Personnes bien élevées ne manquent jamais d'instruire leurs Enfans, nous n'avons aucune raison de croire que des Hommes éclairés & civilisés, comme l'étoient les Fils de *Noé*, aïent négligé leur Postérité. Tous les Hommes descendent de ces prémiers Parens. Est-il donc croïable que les Générations suivantes, au lieu d'avancer en expérience & en sagesse, aïent plutôt reculé, & qu'elles aïent de plus en plus abandonné leurs Enfans à eux-mêmes, en sorte qu'ils aïent enfin dégénéré jusqu'au point de tomber dans ce que vous appellez l'Etat de Nature?

Cleo. Je ne sai point si vous avancez cela en badinant, ou si vous parlez sérieusement. Quoi qu'il en soit, toutes ces réflexions ne sont point capables de rendre suspecte la vérité de l'Histoire Sacrée. L'Ecriture Sainte nous instruit de l'Origine miraculeuse de notre Espèce, & du petit nombre de Personnes qui furent

rent sauvées du Déluge : mais il s'en faut beaucoup qu'elle ne nous apprenne toutes les révolutions que le Genre Humain a subies depuis ce tems-là. Le Vieux Testament touche à-peine quelques-unes des particularités qui ne concernent point les *Juifs*. *Moïse* ne prétend pas non plus donner un détail circonstancié de tout ce qui arriva à nos prémiers Parens, ou de tout ce qui se passa parmi eux. Il ne nomme aucune des Filles d'*Adam*, & ne fait point mention de diverses choses qui doivent être arrivées au commencement du Monde. C'est ce qui paroît clairement par la manière abrégée dont il parle de la Ville que *Caïn* bâtit, & de plusieurs autres évènemens considérables de ces siècles reculés. D'où il suit évidemment que *Moïse* ne s'embarrassoit que de ce qui étoit essentiel à son but. Dessein qui, dans cette partie de son Histoire, consistoit à tracer la manière dont les Patriarches descendoient du prémier Homme. Mais qu'il y ait des Sauvages, c'est un fait certain. La plupart des Nations de l'*Europe* ont trouvé, dans différentes parties du Monde, des Hommes & des Femmes sauvages qui, ignorant l'usage des Lettres, n'étoient soumis à aucune Forme de Gouvernement, & n'avoient aucunes Loix établies entr'eux pour diriger leur conduite ; du-moins on n'y a rien observé de semblable.

HOR. Je ne doute point qu'il n'y ait

des

des Sauvages. Le grand nombre d'Esclaves qu'on tire toutes les années de l'*Afrique*, prouve manifestement que dans certaines parties du Monde il y a d'immenses Fourmillières de Peuples qui n'ont pas encore fait de grands progrès dans la *Sociabilité*. Mais comment les faire tous descendre des Fils de *Noé*? j'avoue que cela passe ma portée.

Cleo. Vous ne trouverez pas moins de difficulté à expliquer la perte que le Monde a certainement faite de plusieurs beaux Arts, & de diverses Inventions utiles, que les Anciens avoient réellement trouvées. Mais si l'Essai du Chevalier *Temple* est défectueux, c'est, suivant moi, dans le caractère qu'il attribue à son Sauvage. Il n'est pas naturel à un tel homme de raisonner juste, & de procéder si méthodiquement que cet Auteur le suppose. Ses passions doivent être impétueuses, & se succéder continuellement les unes aux autres. Il est impossible que celui qui n'a point reçu d'éducation, pense avec beaucoup d'ordre, & poursuive un dessein avec fermeté & constance.

Hor. Vos idées sur notre Espèce sont étranges. Mais l'Homme parvenu à un âge mûr, n'a-t-il pas naturellement quelques notions du *Juste* & de l'*Injuste*?

Cleo. Avant que de répondre à votre question, je vous prie de considérer que les
Sau-

Sauvages doivent toujours différer beaucoup les uns des autres dans la facilité qu'il y a d'apprivoiser leur naturel féroce. Tous les Animaux aiment naturellement leurs Petits, pendant que ces innocentes créatures sont hors d'état de se procurer les choses nécessaires. Les Hommes ont les mêmes sentimens pour leurs Enfans. Mais par rapport à l'éducation de ces jeunes plantes, ils sont dans l'état sauvage exposés à un plus grand nombre d'accidens & de malheurs, qu'ils ne le sont lorsqu'ils vivent en Société. D'où il suit que les Enfans des Sauvages, devenus grands, doivent fort souvent être embarrassés à distinguer, & même à se souvenir qu'ils avoient des Pères & des Mères. Je m'explique. Si, avant que d'avoir atteint l'âge de quatre ou cinq ans, ils viennent à s'échapper & à se perdre, ils ne peuvent presque manquer de périr; ou parce qu'ils seront privés de tout secours, ou qu'ils seront dévorés par les Bêtes sauvages. Mais supposé qu'il se trouve par hazard quelque Créature qui prenne soin de quelques-uns de ces Infortunés, ceux qui survivront à ce malheur, deviendront fort jeunes leurs propres maîtres, & par conséquent, lorsqu'ils seront parvenus à un âge mûr, ils seront beaucoup plus féroces, que ceux qui auront été soumis durant plusieurs années à l'autorité paternelle.

Hor.

Hor. Mais l'Homme, quelque sauvage que vous le suppofiez, n'auroit-il pas naturellement quelques idées du *Bien* & du *Mal Moral?*

Cleo. Je crois qu'un tel Homme, fans beaucoup réfléchir fur le cas dont il s'agiroit, regarderoit comme fien tout ce qui lui tomberoit fous la main.

Hor. Si donc deux ou trois de ces Sauvages venoient à fe rencontrer enfemble, ils feroient bientôt defabufés?

Cleo. Il eft très-probable qu'il s'éleveroit d'abord entr'eux des divifions & des querelles, mais je ne crois pas qu'ils fe détrompaffent jamais.

Hor. A ce compte, les Hommes n'auroient jamais pu fe réunir en un feul Corps. Comment eft-il donc arrivé qu'on ait commencé à fe joindre en Société?

Cleo. Les Sociétés ont commencé, comme je vous l'ai déjà dit, par les Familles particulières. Mais cette union n'a pu fe former fans que l'on ait éprouvé de grandes difficultés, qui n'ont pu être levées que par le concours de plufieurs accidens favorables. Il a fallu bien des Générations, avant que ces diverfes Familles fe foient réunies pour former une Société.

Hor. Que les Hommes compofent des Sociétés, nous le voïons de nos yeux. Mais fi tous les Hommes étoient nés avec cette fauffe notion dont vous parlez,

lez, & qu'ils ne puſſent jamais être détrompés, comment pourriez-vous expliquer la formation des Sociétés ?

CLEO. Voici ce que je penſe ſur cette matière. La conſervation de ſoi-même ordonne à toutes les Créatures de ſatisfaire leurs appétits, & celui de propager ſon eſpèce affecte toujours un homme qui ſe porte bien, pluſieurs années avant que d'avoir atteint cet âge de conſiſtence où il ne croît plus. Si un Homme & une Femme dans l'état ſauvage ſe rencontroient fort jeunes, & qu'ils vécuſſent tranquilement enſemble durant cinquante ans dans un Climat doux, ſain & fertile, ils pourroient ſe voir une nombreuſe poſtérité. Car, dans le ſimple état de Nature, l'Homme travaille beaucoup plutôt à la multiplication de ſon Eſpèce, qu'on ne peut le permettre dans aucune Société règlée. Un Garçon à l'âge de quatorze ans ne ſeroit pas long-tems ſans une Femme, lorſqu'il pourroit s'en procurer une; & une Fille de douze ans ne feroit point la mutine lorſqu'elle ſeroit recherchée, & ne reſteroit pas long-tems ſans Amant.

HOR. Si l'on conſidère que la proximité du ſang ne ſeroit point un obſtacle à l'union de ces perſonnes, il faut avouer que les Deſcendans de ces deux Sauvages monteroient bientôt au nombre de cent: c'eſt-là tout ce que je puis vous accorder. Mais des Parens qui n'auroient pas de meilleures qualités que celles que vous leur suppofez, ne pourroient pas donner à leurs Enfans de fort bonnes inftructions. D'où il fuit qu'il leur feroit impoffible de gouverner leurs Fils & leurs Filles, lorsqu'ils feroient grands ; puisqu'ils n'auroient, ni les uns ni les autres, aucune notion du *Jufte* & de l'*Injufte*. Vous voïez donc que vous n'avez rien avancé pour expliquer l'Origine de la Société, vous en êtes autant éloigné que jamais. Le faux principe dont vous dites que les Hommes font imbus dès leur enfance, eft un obftacle que l'on ne pourra jamais furmonter.

Cleo. De ce faux principe, comme vous l'appellez, de ce droit que les Hommes prétendent avoir naturellement fur tout ce qui eft à leur bienféance, il doit fuivre qu'une Perfonne regardera fes Enfans comme fiens, & comme lui appartenans en propre, dont par conféquent il peut fe fervir & difpofer fuivant qu'il convient le mieux à fes intérêts.

Hor. Quels font les intérêts d'un Sauvage, qui, fuivant vous, ne pourfuit aucune chofe avec fermeté & conftance ?

Cleo. Ce qu'exigera la paffion dominante, tandis qu'il en fera obfédé.

Hor. Mais cette paffion peut à votre avis changer à tout moment, ainfi ces Enfans feroient fort mal dirigés.

Cleo. Cela eft vrai, mais encore ils
fe-

seroient dirigés ; je veux dire qu'on les tiendroit en sujettion, & qu'on les obligeroit à exécuter ce qu'on leur ordonneroit, du moins jusqu'à ce qu'ils fussent assez forts pour ôser résister à ceux qui leur commandoient auparavant. D'ailleurs l'affection naturelle porteroit un Sauvage à aimer & à chérir son Enfant, elle l'engageroit à procurer à son Fils la nourriture, & les autres choses qui lui seroient nécessaires, jusqu'à ce qu'il eût atteint l'âge de dix ou douze ans, peut-être même plus long-tems. Mais cette affection n'est pas la seule passion qu'il doive satisfaire. Si son Fils l'irrite par son opiniâtreté, ou par sa desobéïssance, cet amour est pour ainsi dire suspendu ; & si le déplaisir qu'il ressent de la conduite de son Fils est assez fort pour exciter sa colère, passion qui lui est aussi naturelle qu'aucune autre, il y a dix à parier contre un qu'il le frappera. S'il le maltraite, & que l'état où il aura réduit son Fils émeuve sa pitié, sa colère cessera ; & l'affection naturelle reprenant le dessus, il le caressera, & sera même fâché de ce qu'il aura fait. A présent, si l'on considère que toutes les Créatures haïssent la peine, qu'elles cherchent à l'éviter, & que les bienfaits produisent l'amour dans ceux qui les reçoivent, on trouvera que l'Enfant d'un Sauvage apprendra ainsi à aimer & à craindre son Père. Ces deux passions, jointes avec l'estime que l'on a naturellement

pour

pour tous ceux qui font beaucoup plus excellens que nous, doivent presque toujours produire ce Composé que l'on appelle *Respect* ou *Vénération*.

Hor. J'y suis à présent, vous m'avez ouvert les yeux, & j'apperçois l'Origine de la Société aussi distinctement que je vois cette table.

Cleo. Je crains bien que vous ne voyiez pas encore les choses aussi clairement que vous vous l'imaginez.

Hor. Pourquoi donc ? les grands obstacles sont levés. Il est vrai qu'on ne peut jamais gouverner les Hommes faits qui n'ont absolument reçu aucune éducation; & notre sujettion n'est jamais sincère, lorsque la supériorité du Chef ne se fait pas très-clairement sentir & appercevoir. Ces deux propositions sont certaines, mais vous avez prévenu ces deux difficultés. Nous continuons aisément à conserver, durant toute la vie, le respect que nous avons eu pour une Personne dans notre jeunesse; & lorsque l'autorité est une fois reconnue & bien établie, il n'est pas difficile de gouverner & de se faire obéir. Si un Homme peut conserver son autorité sur ses Enfans, il la conservera encore beaucoup plus aisément sur ses Petits-Fils & Petites-Filles: car un Enfant qui a quelque respect pour ceux qui lui ont donné le jour, refusera rarement de rendre hommage à une Personne qu'il voit honorée par son Père & par sa Mère. Enfin la vanité seroit un motif

tif suffisant pour engager ce Chef à conserver l'autorité qu'il auroit une fois acquise sur ses Descendans ; & si quelques-uns d'entr'eux venoient à faire les revêches, il mettroit tout en œuvre pour les ranger à leur devoir, en se servant pour cet effet de ceux qui lui seroient restés fidèles. Lorsque ce Chef accablé par le poids des années viendroit à mourir, son autorité seroit dévolue à l'aîné de ses Fils, & ainsi de suite.

CLEO. Il me semble que vous allez trop vite en besogne. Ce que vous dites ne souffriroit aucune difficulté, si un Sauvage connoissoit la nature des choses, que ses lumières s'étendissent généralement sur tout, & qu'il pût d'abord parler, comme tout cela est arrivé miraculeusement à *Adam*. Mais une Créature plongée dans une profonde ignorance, & qui ne sait rien que ce que sa propre expérience lui a appris, n'est pas plus capable de gouverner, qu'elle ne l'est d'apprendre les Mathématiques.

HOR. D'abord il n'auroit que deux ou trois Enfans à gouverner, & à mesure que sa Famille augmenteroit, il avanceroit aussi en expérience. Cela n'exigeroit pas de fort grandes connoissances.

CLEO. Je ne dis point qu'il fallût être si éclairé. Pour commencer, il suffiroit d'avoir un génie médiocre, & d'être assez bien élevé ; mais un Homme qui n'auroit jamais appris à reprimer aucune de
ses

ses passions, seroit presque incapable de remplir une telle tâche. D'abord que ses Enfans seroient en état de le soulager dans les peines qu'il se donne pour fournir à l'entretien commun, il les obligeroit à lui aider, il leur apprendroit où ils doivent aller chercher cette subsistance, & comment ils doivent s'y prendre pour l'obtenir. A mesure que les Enfans d'un Sauvage augmenteroient en forces, ils tâcheroient d'imiter toutes les actions qu'ils verroient faire à leurs Parens, & tous les sons qu'ils leur entendroient produire ; mais toutes les instructions que ces Jeunes-gens reçevroient, se borneroient à ce qui leur est immédiatement nécessaire. Souvent ces Sauvages se fâcheroient sans sujet contre leurs Enfans déjà parvenus à un certain âge. A mesure que ceux-ci croîtroient en âge, l'affection naturelle que leurs Pères & Mères ont pour eux diminuéroit. Ainsi il arriveroit souvent que les Enfans souffriroient pour des fautes qu'ils n'auroient point commises. Ces Sauvages découvriroient souvent des défauts dans les coutumes autorisées par l'usage, mais ils ne seroient pas capables d'établir des règles qui dirigeassent la conduite que l'on devroit tenir à l'avenir ; & s'ils en trouvoient quelqu'une, ils ne l'approuveroient pas long-tems. Le manque de pénétration seroit un fond inépuisable de changement dans leurs résolutions. Le Sauvage & sa Femme seroient

char-

charmés de voir que leurs Filles fuſſent enceintes, & qu'elles miſſent des Enfans au monde; & tous les deux goûteroient un véritable plaiſir à la vue de leurs Petits-Fils & Petites-Filles.

Hor. Je croïois que dans toutes les Créatures l'affection naturelle étoit uniquement bornée à leur *Progéniture*.

Cleo. Cela eſt vrai de toutes les Créatures, il n'y a que l'Homme ſeul d'excepté. Notre Eſpèce eſt ſi prévenue en ſa faveur, qu'elle s'imagine que tout lui appartient. Le déſir de dominer eſt une ſuite néceſſaire de la vanité qui eſt commune à tous les Hommes. Cette paſſion n'eſt pas moins naturelle à un petit *Marmot* né de Parens ſauvages, qu'au Fils d'un Empereur. La bonne opinion que nous avons de nous-mêmes, fait que non ſeulement les Hommes prétendent avoir droit ſur leurs Enfans, mais qu'ils croient encore être plus fondés à étendre leur juriſdiction ſur leurs Petits-Fils & Petites-Filles. Dès que les Petits des autres Animaux peuvent s'aider eux-mêmes, ils ſont libres; mais l'autorité que les Parens prétendent avoir ſur leurs Enfans, ſubſiſte toujours. Que cette prétention éternelle, générale & déraiſonnable, ſoit naturellement dans le cœur de l'Homme, on le voit par les Loix que chaque Société Civile eſt obligée de faire pour prévenir l'uſurpation des Parens, & délivrer les Enfans de leur domination, en limitant l'autorité pater-

paternelle à un certain nombre d'années. Notre Couple de Sauvages auroient fur leurs Petits-Fils & leurs Petites-Filles une autorité doublement fondée ; puisque, prémièrement, ils auroient un droit incontestable sur les Père & Mère, par cela même que ce seroit leurs Enfans ; &, en second lieu, comme tous descendroient en droite ligne de leurs Fils & de leurs Filles, sans aucun mélange de sang étranger, ils regarderoient toute leur Postérité comme leurs Vassaux naturels. Je suis même persuadé que plus ce prémier Couple auroit acquis de lumières & de facilité à raisonner, plus il trouveroit juste & incontestable la souveraineté qu'il exerceroit sur ses Descendans, quand même ces deux Chefs vivroient assez long-tems pour voir la cinquième ou la sixième Génération.

Hor. N'est-ce pas quelque chose d'étrange que la Nature ait donné à tous les Hommes, en venant au monde, un violent désir de gouverner, tandis qu'elle nous refuse absolument les qualités nécessaires pour cela ?

Cleo. Ce qui vous paroît étrange, est une preuve incontestable de la Sagesse Divine. Car si les Hommes n'étoient pas nés avec ce désir, il n'y en auroit jamais eu aucun qui eût voulu commander ; & par conséquent jamais il ne se seroit formé de Sociétés, si quelques-uns d'entr'eux n'avoient pas été tourmentés par cette
soif

soif de dominer. Les Créatures peuvent se faire violence à elles-mêmes, apprendre à plier leurs appétits naturels, & à les détourner des objets qui sont propres à ces appétits: mais on ne peut jamais acquérir, ni par art, ni par instruction, les instincts particuliers qui appartiennent à toute une Espèce; & ceux qui naissent destitués de ces qualités essentielles, en sont privés pour toujours. Dès-que les Canards sont éclos, ils courent se plonger dans l'eau; mais il seroit aussi impossible de faire nager un Poulet, qu'il le seroit de lui aprendre à tetter.

Hor. Je vous comprens fort bien. Si la Vanité n'avoit pas été naturelle à tous les Hommes, jamais il n'y auroit eu d'Ambitieux. Et par rapport à l'habileté nécessaire pour gouverner, l'expérience nous apprend qu'on doit l'acquérir: mais je ne sai non plus que votre Sauvage, comment on est venu à former des Sociétés. Ce que vous m'avez dit de son incapacité & de son manque de pouvoir à se gouverner lui-même, a entièrement détruit toutes les espérances que j'avois conçues sur la manière dont cette Famille auroit pu enfin former une Société. Mais la Religion n'y auroit-elle eu aucune part? Dites-moi, je vous prie, comment a-t-elle été introduite dans le Monde?

Cleo. Par le moïen de Dieu, & par miracle.

Hor. *Obscurum per obscurius*, vous ex-

pli-

pliquez une chose obscure, par une autre qui est encore plus obscure. Je n'ai point d'idées de ces miracles qui interrompent & qui bouleversent l'ordre de la Nature. Je n'ai point de notions de ces choses qui doivent arriver en dépit du bon-sens, & qui sont telles que tout Homme sage se croira mathématiquement assuré de leur impossibilité, dès-qu'il en jugera par la Droite Raison, & par ce que l'Expérience lui apprend.

CLEO. Il est certain que le mot de *Miracle* désigne un concours de la Puissance Divine, dont les opérations s'éloignent du cours ordinaire de la Nature.

HOR. Oui, comme lorsque des matières fort combustibles, jettées au milieu d'un feu très-vif & très-ardent, ne reçoivent aucune altération; ou que des Lions vigoureux, & qu'on a affamés à dessein, s'abstiennent de dévorer ce dont ils sont le plus avides. Ces Miracles sont d'étranges choses.

CLEO. Chacun s'accorde à en donner cette idée; l'étimologie même du mot emporte cette signification. Mais il est presque aussi difficile de s'en former une idée, qu'il l'est d'expliquer comment des Hommes peuvent les rejetter, & se dire d'une Religion qui est entièrement fondée sur les Miracles.

HOR. Mais lorsque je vous ai formé cette question générale, pourquoi vous êtes-

CINQUIEME.

êtes-vous borné à la seule Religion Révélée ?

CLEO. Parce que rien, à mon avis, ne mérite le nom de Religion, si elle n'a été révélée. Ainsi celle des *Juifs* a été la prémière Religion Nationale, & la Chrétienne a été la seconde.

HOR. Mais *Abraham*, *Noé* & *Adam* n'étoient point des *Juifs* ; cependant ils avoient une Religion.

CLEO. Ils n'en avoient point d'autre que celle qui leur avoit été révélée. D'abord que Dieu eut créé nos prémiers Parens, il leur apparut, & leur donna des préceptes. Dans la suite l'Etre Suprême continua également à se communiquer aux Patriarches. Pour le Pére d'*Abraham*, il fut idolâtre.

HOR. Mais les *Egyptiens*, les *Grecs* & les *Romains* n'avoient-ils pas une Religion, tout comme les *Juifs* ?

CLEO. Non sans-doute ; car j'appelle Superstition leur grossière Idolâtrie, & leur Culte abominable.

HOR. Quelque partialité qu'il y ait dans vos jugemens, vous devez cependant convenir que tous ces Peuples donnoient à leur Culte le nom de Religion, comme nous le donnons au nôtre. L'Homme, dites-vous, n'apporte en venant au monde que ses passions. Lors donc que je vous ai demandé comment la Religion s'étoit introduite sur la Terre, j'ai eu dessein de vous demander ce qu'il y avoit essentiellement dans la nature de l'Homme, qui le portât vers la Religion ; qu'est-ce qui le dispose à cela ?

Cléo. La Crainte.

Hor. Quoi ? *La Crainte est la prémière Cause qui a introduit les Dieux dans le Monde* * ? Etes-vous de ce sentiment ?

Cléo. Il n'y a pas un Mortel sur la Terre qui soit plus éloigné d'avoir une telle opinion. Ce fameux Axiôme *Epicurien*, si chéri des Libertins, fait pitié. Il est également absurde & impie, de dire que la Crainte a enfanté la Divinité. Vous pourriez dire avec autant de fondement, que c'est la Crainte qui a produit la Terre, le Soleil ou la Lune. Mais lorsque je parle des Sauvages, il n'est contraire ni au Bon-Sens, ni à la Religion Chrétienne, d'assurer que pendant qu'ils ignorent le vrai Dieu, & qu'ils ne sont encore que des Enfans dans l'art de penser & de raisonner, la Crainte soit la passion qui la prémière leur donne occasion d'entrevoir, à travers un nuage fort épais, une Puissance invisible. Comme de telles Personnes deviennent tous les jours plus habiles par l'usage ou par l'expérience, & qu'ils se perfectionnent de plus en plus dans les opérations du cerveau, & dans l'exercice de leurs plus

nobles

* *Primus in Orbe Deos fecit Timor.* Petron *in Fragment.*

nobles facultés, il eſt inconteſtable que ces idées confuſes qu'ils ont d'abord eues de la prémière Cauſe, les ont naturellement conduit dans la ſuite à une connoiſſance certaine d'un Etre infini & éternel. Plus même ils acquerront de pénétration & de lumières, plus auſſi ils admireront la ſageſſe & le pouvoir de l'Etre Suprême. Admiration qui continuera toujours, quand même leur ſavoir & leur ſagacité ſurpaſſeroient de beaucoup tout ce à quoi notre nature peut jamais atteindre.

Hor. Je vous demande pardon des ſoupçons que j'ai eus ſur votre compte; cependant je ſuis ravi que cela vous ait donné lieu de vous expliquer. Le mot de *Crainte* ſeul, & ſans aucune autre addition, ſonne fort mal; & même je ne puis point concevoir encore, comment une Cauſe inviſible peut devenir l'objet de la crainte d'un Homme qui n'auroit abſolument reçu aucune éducation, & qui ſe rencontreroit dans les circonſtances où vous avez placé le Sauvage dont vous avez d'abord parlé. Comment ſe peut-il que quelque choſe d'inviſible, qui n'affecte aucun de ſes ſens, faſſe impreſſion ſur une Créature Sauvage?

Cleo. Chaque accident & chaque malheur qui lui arrive, dont elle ne voit pas clairement & diſtinctement la cauſe; l'excès du chaud & du froid; l'humidité & la ſechereſſe qui lui cauſent quelque dommage; les éclairs, & le tonnerre même lorsqu'il ne fait pas visiblement du mal; un bruit entendu dans les ténèbres; l'obscurité elle-même & tout ce qui est effraïant & extraordinaire ; toutes ces choses, dis-je, sont propres à faire naître cette crainte & à la fortifier. Quelque féroce que vous supposiez un Homme parvenu à un âge mûr, il sera assez sage pour savoir qu'il ne peut pas toujours & en tous lieux se procurer des fruits, ou en général de la nourriture. Cette expérience le conduira naturellement à mettre en réserve une grande quantité de provisions, lorsqu'il fera quelque récolte abondante. La pluïe peut gâter ses denrées ; il verra les arbres broués, quelquefois ils ne produiront que peu de fruits ; il ne sera pas toujours en santé ; ses Enfans peuvent tomber malades, & mourir sans avoir reçu aucune blessure, ou sans qu'il puisse appercevoir aucune cause extérieure de cet accident. Quelques-uns de ces malheurs peuvent d'abord échapper à son attention, ou s'il les remarque, ils ne feront qu'exciter des allarmes dans son esprit foible. Il faudra bien du tems avant qu'il en prenne occasion de faire de sérieuses réflexions. Mais comme ces maux reviendront souvent, il commencera certainement à soupçonner qu'ils sont l'effet de quelque Cause invisible, & à mesure qu'il avancera en âge & en expérience, il se confirmera dans ses soupçons. De plus il est très-probable

ble que la grande variété des accidens qu'il éprouvera, lui fera craindre qu'il n'y ait différentes Causes disposées à lui nuire; de sorte qu'enfin il sera porté à croire qu'il y a un très-grand nombre de ces Causes qu'il doit redouter. Ce qui contribuera beaucoup à faire naître ces soupçons & à les confirmer, c'est une fausse notion dont nous sommes imbus dès l'âge le plus tendre, & que nous pouvons observer dans les Enfans, aussi-tôt qu'ils commencent à se faire entendre par leurs regards, par leurs gestes, ou par leurs signes.

Hor. Quelle est cette fausse notion, je vous prie?

Cleo. Il est manifeste que tous les petits Enfans s'imaginent que les objets dont ils sont environnés, pensent & ont du sentiment comme eux. Pour se convaincre qu'ils ont généralement cette fausse opinion des Créatures inanimées, on n'a qu'à considérer ce qu'ils font presque toutes les fois que par étourderie ou par nonchalance ils s'attirent quelque malheur. Dans ces sortes de cas on les voit se fâcher, & frapper une table, une chaise, le plancher, ou tel autre corps qui peut leur paroître avoir contribué au mal qu'ils endurent, ou être en quelque manière cause d'une lourde chute qu'ils ont faite. Les Nourrices, par condescendance pour cette foiblesse, feignent d'avoir ces mêmes sentimens ridicules, &

elles

elles appaifent réellement les petits Enfans lorsqu'ils font courroucés, en affectant de prendre leur parti contre ces objets. Ainfi on les verra fouvent gronder & battre très-férieufement, ou les objets qui ont effectivement caufé l'indignation de leurs Nourriçons, ou ceux qui peuvent en quelque manière paroître avoir occafionné le mal qu'ils fe font faits. On ne doit pas s'imaginer qu'un Enfant, privé de toute éducation, & de tout commerce avec ceux de fon efpèce, puiffe fe guérir auffi aifément de cette folie naturelle, que celui qui élevé dans la Société apprend tous les jours quelque chofe de nouveau, en converfant avec des Perfonnes plus fages que lui. Je fuis même perfuadé qu'un Sauvage pafferoit toute fa vie, fans jamais fe dépouiller entièrement de ce préjugé.

Hor. Je ne faurois croire que l'Entendement Humain foit auffi foible & auffi borné que vous le fuppofez.

Cleo. D'où font venues les *Dryades* & les *Hamadryades*? Comment a-t-il jamais pu fe faire qu'on ait regardé comme un impie, celui qui abbattoit, ou même qui faifoit quelques incifions à des Chênes vénérables par leur groffeur, ou à d'autres Arbres de haute futaie? D'où tirent leur origine des Divinités qui, fuivant le Vulgaire *Païen*, préfidoient fur les Fleuves & les Fontaines * ? Hor.

---

* Les Nimphes étoient parmi les Païens des Divini-

Hor. Toutes ces fictions sont dues à la friponnerie des Prêtres rusés qui connoissoient fort bien le Monde, & à d'autres Imposteurs qui ont fabriqué ces mensonges & inventé ces fables pour leur propre avantage.

Cleo. Je conviens de tout cela; mais encore ne faut-il pas que l'Entendement des Hommes ait été bien borné, & qu'ils aient eu une teinture, ou un reste de cette folie que l'on découvre dans les petits Enfans. Sans cela jamais on n'auroit pu leur persuader des Fables aussi absurdes. Pour que ces Imposteurs tirassent parti de ces fictions, ne falloit-il pas qu'il y eût réellement des Foux capables de ces foiblesses?

Hor. Il peut y avoir quelque chose de vrai dans ce que vous dites; mais vous avez avoué que l'Homme aime naturellement ceux qui lui font du bien: d'où vient donc que s'il trouve qu'il doit à une Cause invisible tout ce qu'il possède de biens, il ne seroit pas porté à avoir de la Religion, plutôt par un principe de Re-

---

vinités Champêtres qui reçurent différens noms, suivant les lieux qu'elles habitoient, ou les objets qui étoient commis à leurs soins. Ainsi celles qui se plaisoient dans les Bois, furent appellées DRYADES; ou HAMADRYADES, si elles étoient attachées à quelque Arbre particulier; mais celles-ci naissoient & mouroient avec lui. Les NAYADES étoient celles qui présidoient sur les Fontaines & les Rivières.

Reconnoissance que par un principe de Crainte ?

Cléo. Il y a de très-bonnes raisons qui empêchent que la chose n'arrive de cette manière. Tout ce que l'Homme tient de la Nature, il le regarde comme sien. Il croit qu'en semant & en moissonnant il mérite la récolte qu'il fait. Il suffit qu'il ait la moindre part dans quelque ouvrage que ce soit, pour que toujours il s'en croie l'auteur, & qu'il l'envisage comme une chose qui lui appartient. Tout art que nous avons appris, ou toute découverte que nous avons faite, est à nous, & à nous en propre. Nous nous aimons si fort que nous étendons même le droit de propriété sur toutes les choses que nous opérons par le moïen de ces arts ou de ces découvertes. C'est ainsi que nous faisons usage de la Fermentation, & de toutes les Opérations Chymiques que la Nature seule exécute, sans qu'il nous vienne dans l'esprit que nous en soïons redevables à quelqu'autre cause qu'à nos propres lumières. La Femme qui s'occupe à battre la crême pour en faire du beurre, ne s'informe point de la cause qui oblige les particules les plus fines & les plus *limphatiques* à se séparer & à se détacher des plus onctueuses. J'en dis de même des autres Arts, comme de celui de brasser la Bière, de celui de faire le Pain, ou d'apprêter les Viandes, & en général de tous les travaux que

les

les Hommes exécutent. Dans tout cela c'est la Nature qui est l'auteur de tous les changemens, & qui fait la plus grande partie de l'ouvrage: malgré cela encore, c'est nous qui à notre avis opérons tout & qui faisons tout. D'où il suit que l'Homme, qui naturellement rapporte tout à lui-même comme à un centre commun, doit dans le simple état de Nature être fort disposé à considérer tout ce dont il jouït, comme une chose qui lui est due, & toutes les choses auxquelles il met la main, comme son propre ouvrage. Il faut qu'un Homme possède bien des connoissances, qu'il soit capable de beaucoup de réflexions, & qu'il ait déjà fait de grands progrès dans l'art de penser juste & de raisonner conséquemment, pour qu'il puisse par ses propres lumières, & sans avoir jamais été instruit, sentir les obligations qu'il a à Dieu. Moins un Homme a de connoissances, moins son entendement est étendu, & moins il est capable, soit d'envisager les objets sous leurs différens points de vue, soit de tirer des conséquences du petit nombre d'idées que son génie lui fournit. Un Novice ignorant, & sans éducation, fixe uniquement ses yeux sur ce qui se présente immédiatement devant lui; ou pour m'exprimer vulgairement, *il ne voit pas plus loin que son nez.* Si la gratitude agissoit sur un Sauvage, il rendroit beaucoup plutôt ses respects à l'Arbre qui lui rapporte

des

des noix, qu'à celui qui l'a planté; & il n'est point de propriété si bien fondée qu'un Homme civilisé ne révoquât plutôt en doute, que l'Homme Sauvage ne mettroit en question le droit absolu qu'il croit avoir sur son propre soufle.

Une autre raison pourquoi la *Crainte* est un motif à la Religion plus prochain que la *Reconnoissance*, c'est qu'un Sauvage ne soupçonneroit jamais que le même Etre qui lui accorde tant de biens, fût aussi la Cause de tout le mal qu'il ressent. Or il est certain que ce sera ce mal qui le frappera prémièrement.

Hor. Les Hommes en effet paroissent se souvenir beaucoup plus d'un mauvais tour qu'on leur a joué, que de dix services essentiels qu'on leur a rendus. Que l'on soit malade un mois, ou que l'on se porte bien dix ans de suite, le prémier s'imprimera beaucoup plus profondément dans la mémoire que le second.

Cleo. L'Homme travaillant à sa propre conservation, est attentif à éviter avec soin tout ce qui peut lui nuire: mais pendant qu'il jouït de ce qui lui fait plaisir, son esprit se repose, & il est exempt de tout souci. Il peut goûter successivement mille plaisirs différens, sans faire aucune réflexion; mais au moindre revers il deviendra actif, il fera d'exactes recherches sur la cause de cette infortune, toutes ses pensées tendront à l'éloigner. En effet, il est fort important de connoître

tre d'où procède le mal ; mais il n'est presque d'aucune utilité de connoître la cause du bien, qui est toujours fort bien reçu ; je veux dire qu'une telle connoissance ne paroît pas devoir rien ajouter au bonheur dont il jouit. Dès-qu'on a supposé que l'Homme craint une pareil ennemi invisible, il est raisonnable de croire qu'il seroit bien-aise de l'appaiser, & de se le rendre propice, s'il pouvoit en trouver le moïen. Pour parvenir à son but, il est très-probable qu'il visiteroit, fouilleroit, & examineroit avec soin tout ce qui l'environne, & que trouvant inutiles toutes les recherches qu'il auroit faites sur la Terre, il tourneroit ses vues du côté du Ciel.

Hor. Ainsi un Sauvage pourroit examiner assez long-tems les choses d'ici-bas, & élever ensuite ses yeux en haut, avant qu'il en devînt plus sage. Il n'est pas difficile de concevoir qu'une Créature qui craint quelque Etre, doit nécessairement avoir de terribles inquietudes, lorsqu'elle ne sait ni quel il est, ni où il est. On comprend aussi aisément que quand même elle auroit toutes les raisons du monde de croire que cet Etre est invisible, elle en auroit beaucoup plus de peur dans l'obscurité, que lorsqu'elle pourroit voir les objets qui l'environnent.

Cleo. Cette Cause invisible ne fait peut-être que bien peu d'impression sur l'Homme, tandis qu'il ne pense encore qu'im-

qu'imparfaitement, & qu'il est entièrement occupé, soit à travailler de la manière la plus simple à la conservation de soi-même, soit à éloigner les obstacles qu'il rencontre immédiatement dans son chemin. Mais lorsqu'il commence à raisonner assez bien, & qu'il a le loisir de faire des réflexions, quelles idées étranges & chimériques ne doit-il pas se former de cette Cause? Deux Sauvages n'auroient pas long-tems commercé ensemble, qu'ils chercheroient à se communiquer l'un à l'autre leurs pensées sur cette matière; & comme avec le tems ils inventeroient, & conviendroient de certains sons pour distinguer les différentes choses dont l'idée se présenteroit souvent à leur esprit, je crois que cette Cause invisible seroit un des prémiers objets à qui ils donneroient un nom. Ces Sauvages n'auroient pas moins soin de leurs Enfans encore jeunes, que les autres Animaux; & il n'y a pas d'apparence que ces jeunes Plantes, qu'ils nourriroient & entretiendroient, remarquassent cette crainte que leurs Parens ont pour un Etre invisible, avant qu'ils eussent atteint l'âge de dix ans, puisqu'on ne leur donneroit aucune éducation, & qu'on ne leur feroit observer aucune discipline. D'ailleurs, si l'on considère combien les Hommes diffèrent les uns des autres dans les traits du visage, dans la complexion & dans le tempérament, on verra qu'il
n'est

n'est pas possible que tous aient les mêmes idées de cet Etre. D'où il suit que dès-qu'un nombre assez considérable de Personnes pourroient converser ensemble & se comprendre les uns les autres, ils trouveroient qu'ils différeroient extrêmement entr'eux dans l'opinion qu'ils auroient de cet Etre. Malgré cette extrême différence, ils s'accorderoient tous à reconnoître l'existence de cette Cause & à la craindre : & comme les Hommes attribuent toutes leurs passions à tous les objets qu'ils croient capables de penser, il est certain que chacun chercheroit avec un soin mêlé d'inquietude à prévenir les effets de la haine & de la mauvaise volonté de cette Puissance invisible. Chacun même tâcheroit de se concilier sa bienveillance, & d'obtenir sa protection, s'il pouvoit découvrir quelque moïen pour cela. Pesons attentivement ces choses, réfléchissons sur ce que nous connoissons de la nature de l'Homme, & nous conviendrons qu'il n'est presque pas possible qu'une multitude de Créatures Humaines aient pendant long-tems quelque fréquentation, sans qu'il se débite entr'elles des mensonges prémédités à l'égard de cette Puissance; & il y aura même des gens assez impudens pour oser assurer qu'ils ont vu ou entendu cet Etre, tout invisible qu'il est. Il est aisé d'expliquer comment des opinions différentes sur cette Cause invisible peuvent, par la malice ce & par la fourberie des Imposteurs, occasionner des haines mortelles entre les Peuples. Supposons, par exemple, que les Campagnes aïent extrêmement besoin de pluïe, & qu'on vienne à me persuader que c'est vous qui êtes cause qu'il ne pleut point, il n'en faut pas davantage pour exciter entre nous des querelles & des dissensions. En un mot, il n'y a eu dans le Monde aucun acte de friponnerie Ecclésiastique, ou d'inhumanité, & il ne s'y est rien dit d'extravagant, ou d'abominable par rapport à la Religion, dont on ne puisse donner une très-bonne solution, dès-que l'on conviendra de tout ce que je viens de dire, & que l'on reconnoîtra ce principe de la *Crainte*.

Hor. Je crois que je dois vous accorder que la *Crainte* a été le prémier motif qui détermina les Sauvages à se former quelques idées de Religion : mais il faut que vous m'accordiez à votre tour, que dans le tems que les Hommes ont commencé à être plus sages & plus civilisés, la plus grande partie de leur Religion a été fondée sur la gratitude. Vérité que je prouve d'une manière incontestable, par la reconnoissance que les Nations ont constamment témoignée à leurs Dieux, toutes les fois qu'elles ont eu quelques heureux succès, ou qu'elles en ont reçu des bienfaits signalés ; par le grand nombre d'Hécatombes qu'on leur offroit après les victoires qu'on avoit remportées ; & enfin,

enfin, par les différens Jeux & les diverses Fêtes qu'on avoit instituées en leur honneur.

Cleo. Vous vous donnez bien du mouvement, à ce que je vois, pour défendre l'honneur de notre Espèce : cependant je n'y vois rien de fort estimable. Je vous prouverai même que si l'on pèse mûrement, & que l'on examine à fond notre Nature, on y trouvera beaucoup plutôt des sujets d'humilité que des prétextes d'orgueil. Prémièrement, il n'y a point de différence entre un Sauvage & un Homme Civilisé, à les considérer par rapport à leur nature, telle qu'ils l'ont reçue dès le commencement. Tous les deux apportent en naissant des principes de *Crainte*; & s'ils sont capables de sentimens, ils ne peuvent ni l'un ni l'autre vivre long-tems, sans qu'un Pouvoir invisible devienne l'objet de cette *Crainte*. Personne n'en sera exempt, il suffit qu'on soit Homme; il n'importe qu'on soit Sauvage & qu'on vive seul, ou qu'on soit membre d'une Société, & qu'on reçoive une excellente éducation. L'expérience nous apprend que les Arts, les Siences, la Politesse, & toute la Sagesse mondaine peuvent exceller dans les Empires, les Roïaumes & les Etats, lors même qu'on y est esclave de la plus grossiere Idolâtrie, & qu'on y digère toutes les absurdités qu'une fausse Religion peut produire. Les Peuples les plus civilisés sont tombés

par rapport au Culte Divin dans des extravagances aussi ridicules, qu'il seroit possible à des Sauvages d'en commettre. Souvent même les prémiers ont exercé de propos délibéré des cruautés, auxquelles les derniers n'auroient jamais pensé. Quoique les *Carthaginois* fussent un Peuple fin, rusé, florissant, opulent & formidable, & que sous la conduite d'*Hannibal* ils eussent déjà presque entierement vaincu les *Romains*; cependant on le vit encore alors sacrifier à leurs Idoles les Enfans de leur prémière Noblesse. Nous trouverons la même chose, si nous examinons ce qui s'est passé chez les Particuliers. Les Siècles les plus polis nous fournissent des exemples sans nombre de Personnes qui, distinguées d'ailleurs par leur bon-sens & par leur vertu, avoient cependant conçu de l'Etre Suprême les notions les plus puériles, les plus indignes & les plus extravagantes. Quelles idées obscures & bizarres ne doivent pas avoir eu de la Providence certaines Personnes, pour agir comme elles ont fait! *Alexandre Sévère*, Successeur d'*Héliogabale* réforma bien des abus, & il passa pour un aussi bon Prince que son Prédécesseur avoit été méchant. Dans son Palais il avoit un Oratoire, un Cabinet destiné pour y faire ses dévotions particulières, où il avoit les images d'*Appollonius de Tyane*, d'*Orphée*, d'*Abraham*, de *Jésus-Christ*, & d'autres Dieux de cette
na-

nature, comme dit son Historien *. Pourquoi souriez-vous?

Hor. Je pense à l'industrie des Prêtres, qui ne parlent point des foiblesses d'une Personne, lorsqu'ils veulent qu'on pense avantageusement sur son compte. Cherchant un jour quelque chose dans le Dictionnaire de *Moréry*, je jettai par hazard les yeux sur l'article de cet Empereur, où il n'est fait aucune mention ni d'*Orphée*, ni d'*Apollonius*. Rappellant dans ma mémoire le passage de *Lampridius*, qui rapporte ce que vous avez dit d'*Alexandre Sévère*, je fus surpris de ce silence. D'abord je crus de m'être trompé; mais en consultant de nouveau cet Auteur, je trouvai que la chose étoit comme vous l'avez rapportée. Je ne doute point que *Moréry* n'ait gardé le silence sur ce sujet, en reconnoissance des égards que cet Empereur a eu pour les Chrétiens; car cet Auteur nous dit qu'il leur fut très-favorable.

Cleo. Il n'est rien dans cette omission que de très-ordinaire aux Auteurs *Catholiques-Romains*. Mais ce dont je voulois par-

---

* *Usus vivendi eidem hic fuit: Primùm ut, si facultas esset, id est si non cum uxore cubuisset, matutinis horis in lararió suo (in quo & divos principes sed optimos electos & animas sanctiores, in queis & Apollonium, & quantum scriptor suorum temporum dicit,* Christum, Abraham, & Orpheum, *& hujus cemodi Deos habebat, ac majorum effigies) rem divinam faciebat.* Lamprid. in Alexand. Severo, CXXIX.

parler en second lieu, c'est des Fêtes dont vous avez fait mention, des Hécatombes que l'on offroit après le gain d'une Bataille, & de cette reconnoissance que toutes les Nations témoignoient généralement à leurs Dieux. Considérez, je vous prie, que dans les Matières Sacrées, comme dans toutes les Affaires Humaines, on observe quantité de rites, de cérémonies, & bien des marques de respect, qui à la prémière vue semblent procéder de la gratitude; mais qu'on les examine attentivement, & l'on trouvera que la Crainte en est la cause primitive. Il est incertain dans quel tems les Jeux Floraux furent prémièrement institués; mais on ne les célébra régulièrement toutes les années, qu'après qu'un Printems fort déréglé eut engagé le Sénat à faire un Decret qui les déclaroit annuels †. L'Amour & l'Estime, il est vrai, sont des ingrédiens aussi nécessaires de la vénération ou du respect que la Crainte; cependant il n'y a que la Crainte seule qui puisse porter les Hommes à contrefaire l'amour & l'estime. C'est ce qu'on ne

---

† Le *Decret*, qui ordonnoit que l'on célèbreroit toutes les années des Jeux en l'honneur de la Déesse FLORA, fut fait l'an 580 de *Rome*; mais il ne devoit être mis en exécution, qu'au cas qu'elle ne laissât point perdre comme auparavant les fleurs des Arbres & des Vignes. On fit une abondante récolte. Ainsi cet Edit commença d'être **exécuté** sous le Consulat de *Postumius* & de *Lænas*.

ne peut point révoquer en doute, dès-qu'on fait attention aux devoirs que l'on rend extérieurement aux Tirans, lors même qu'on les déteste, & qu'on les abhorre intérieurement. Les Idolâtres se sont toujours conduits à l'égard de la Cause invisible qu'ils ont adorée, comme les Hommes se conduisent à l'égard d'une Puissance arbitraire qui ne suit point de loix, lorsqu'assurés de sa fourberie, de sa hauteur & de ses caprices, ils conviennent qu'elle a un pouvoir sans bornes, & auquel il faut que tout cède. En effet, par quel motif auroit-on réitéré si souvent les mêmes solemnités, toutes les fois qu'on soupçonnoit qu'on avoit ômis la moindre partie dans ces sacrées bagatelles? Vous savez que souvent on jouoit plusieurs fois la même Farce, lorsqu'on avoit lieu de craindre qu'on n'eût ômis ou négligé quelque chose dans une des représentations précédentes. Je vous prie seulement de rentrer en vous-même, & de rappeller dans votre mémoire ce que vous avez lu sur ce sujet. Considérez cette variété infinie d'idées que les Hommes se sont formé de la Puissance invisible, qui suivant eux influoit sur les Affaires Humaines ; jettez les yeux sur ce grand nombre de divisions que ces différentes Opinions ont occasionnées ; parcourez l'Histoire de tous les siècles ; envisagez chaque Nation considérable, soit dans ses revers & ses infortunes, soit

dans ſes victoires & ſes heureux ſuccès; examinez là vie des grands Généraux, & des autres Perſonnages fameux, ſoit dans leur adverſité, ſoit dans leur proſpérité; prenez garde au tems où leur dévotion étoit la plus fervente, quand on conſultoit plus religieuſement les Oracles, & dans quelles occaſions on s'adreſſoit plus ordinairement aux Dieux. Vous n'avez qu'à peſer tranquilement, & ſans préoccupation, chacun de ces articles, & vous vous rappellerez que tout ce qui regardoit la Superſtition étoit également eſſentiel, ridicule & exécrable. Prémièrement donc vous trouverez que les Païens, & tous ceux qui n'ont point connu le vrai Dieu, ont repréſenté leurs Divinités non comme des Etres ſages, bénins, équitables & miſéricordieux; mais comme des Etres paſſionnés, vindicatifs, capricieux & inexorables. Cependant un grand nombre de ces Idolâtres étoient d'ailleurs des perſonnes très-éclairées, très-judicieuſes, & d'une probité éprouvée. Je paſſe ſous ſilence les vices abominables, & les dérèglemens groſſiers qu'on apprenoit au Vulgaire à attribuer à leurs Dieux. En ſecond lieu, vous verrez que ſi une fauſſe Religion peut nous fournir un ſeul exemple pour prouver que les Hommes ont eu recours à une Cauſe inviſible par un principe de gratitude, on pourroit en alléguer mille qui vous convaincroient que les Créatures Humaines
ont

ont toujours agi par un mouvement de crainte, en rendant quelque culte à leurs Divinités, & en témoignant leur soumission pour le Ciel. La Religion & la Crainte de Dieu sont même des termes synonimes. Les Imposteurs auroient envain emploié l'artifice & la fraude pour tirer parti de la reconnoissance, si cette passion avoit eu pour prémier principe l'Amour & non la Crainte. Tous les commerces si vantés, qu'ils prétendoient avoir avec les Dieux & les Déesses, auroient été inutiles, si les Hommes avoient été conduits par un sentiment de gratitude à adorer les Puissances Immortelles; c'est ainsi qu'ils appelloient leurs Idoles.

Hor. Tous les Législateurs & les Conducteurs des Peuples ne sont-ils pas parvenus à ce qu'ils souhaitoient par ces communications, qu'ils prétendoient avoir immédiatement avec les Dieux ? N'ont-ils pas produit par-là dans les Peuples le respect & la vénération pour tout ce qu'ils statuoient ? C'étoit-là le seul but qu'ils se proposoient, & dont la réussite pouvoit combler leurs désirs. Cependant vous avez avoué vous-même que, pour exciter cette passion, l'Amour & l'Estime n'étoient pas des ingrédiens moins nécessaires que la Crainte.

Cleo. Mais par les loix qu'ils imposoient aux Hommes, & par les peines attachées à l'omission ou à la violation de ces règlemens qu'ils avoient faits, il n'est pas difficile de voir sur quel de ces trois ingrédiens ils faisoient le plus de fond.

Hor. Il seroit difficile de nommer un Roi, ou quelqu'autre grand Personnage qui, dans les anciens siècles, ait entrepris de gouverner une Nation encore dans l'enfance, sans prétendre qu'un Etre invisible ne se fût communiqué ou à lui-même, ou à ses ancêtres. La seule différence qu'il y a entre ces Personnes & *Moïse*, c'est que celui-ci étoit un vrai Prophète, réellement inspiré de Dieu; au lieu que tous les autres ont été des Imposteurs.

Cleo. Que prétendez-vous inférer de-là ?

Hor. Que nous ne pouvons rien dire de plus en faveur de nous-mêmes, que ce qui a été dit dans tous les siècles par tous ceux qui avoient des Religions & des Opinions différentes : je veux dire que tous les Hommes ont assuré qu'eux seuls avoient la vérité de leur côté, & que ceux-là marchoient dans l'erreur qui n'étoient pas dans les mêmes sentimens.

Cleo. Ne suffit-il pas qu'après l'examen le plus sévère, nous puissions dire cela de nous-mêmes avec vérité & avec justice ? Ne suffit-il pas que la créance des autres ne puisse soutenir l'épreuve impartiale qu'on en voudroit faire ? Un Homme peut rapporter des miracles qui n'ont jamais été opérés, & raconter des choses

qui

qui ne font jamais arrivées : mais dans mille ans d'ici tous les Savans s'accorderont à dire que perfonne n'a pu compofer les Principes du Chevalier *Newton*, à-moins qu'elle n'ait été très-habile dans les Mathématiques. Lorfque *Moïfe* communiqua aux *Ifraélites* ce qui lui avoit été révélé, il leur dit une vérité inconnue à tous les Habitans de la Terre, excepté à lui-même.

Hor. Vous voulez parler de l'unité d'un Dieu, & de la création de cet Univers.

Cleo. C'eft cela même.

Hor. Mais toute Perfonne de fens n'eft-elle pas capable de connoître ces vérités par les feules lumières de la Raifon ?

Cleo. Oui, lorfque l'art de raifonner eft parvenu, par une fuite néceffaire, à ce point de perfection où il eft depuis quelques fiècles, & lorfque l'on a acquis la méthode de penfer jufte. Dès-que l'on a eu découvert la propriété de l'Aimant, & inventé la Bouffole, chaque Matelot médiocrement habile put naviger au milieu de l'*Océan* ; mais avant ce tems-là, le Marinier le plus expert auroit tremblé à la feule vue d'un telle entreprife. Dans le tems que *Moïfe* apprit ces fublimes & importantes vérités à la poftérité de *Jacob*, elle étoit devenue l'efclave de la Superftition qui dominoit dans le païs qu'elle habitoit ; & les *Egyptiens*, leurs

Maîtres, quoique très-habiles dans un grand nombre d'Arts & de Siences, même beaucoup plus versés dans les Mystères de la Nature qu'aucune autre Nation de ce tems-là, avoient cependant de la Divinité les notions les plus abjectes & les plus abominables qu'il est possible de concevoir. Il n'est point de Sauvages qui les eussent surpassé en ignorance & en stupidité touchant l'Etre Suprême, cette Cause invisible qui gouverne le Monde. *Moïse* enseigna les *Israélites à priori*; ainsi leurs Enfans surent, avant l'âge de neuf ou de dix ans, ce que les plus grands Philosophes n'ont pu connoître par les lumières naturelles, que plusieurs siècles après.

Hor. Les Partisans des Anciens ne vous accorderont jamais qu'aucun des Philosophes modernes ait mieux pensé ou raisonné, que les Personnes qui ont vécu dans les siècles les plus reculés.

Cleo. Il faut bien qu'ils en croient leurs yeux. Qu'ils lisent l'Histoire ancienne, & ils s'assureront de la vérité de ce que j'avance. Toute personne de sens peut, en prenant sa raison pour guide, voir qu'à *Rome* il y a eu des Hommes très-célèbres qui, au commencement du Christianisme, ont contesté, & montré beaucoup de zèle à nier ce que vous dites. *Celse, Symmaque, Porphyre, Hiéroclès*, & d'autres fameux Rhéteurs, tous gens qui de l'aveu de tout le monde avoient beaucoup

coup de sens, n'ont-ils pas écrit en faveur de l'Idolâtrie ? N'ont-ils pas soutenu avec beaucoup de vigueur la pluralité & la multiplicité de leurs Dieux ? *Moïse* a vécu plus de quinze-cens ans avant le règne d'*Auguste*. Si, me trouvant dans un endroit où je serois assuré que personne n'entend le Dessein ou la Peinture, quelqu'un me disoit qu'il a acquis cet Art par inspiration Divine, je serois plus porté à me moquer de lui qu'à le croire : mais si en ma présence je le voïois tirer plusieurs beaux portraits, mon incrédulité cesseroit, & il seroit ridicule d'avoir plus long-tems des doutes sur sa véracité. Les Histoires, que les autres Législateurs, ou Fondateurs de Nations, ont débitées à l'égard des Divinités, qui se sont communiquées ou à eux-mêmes, ou à leurs ancêtres, contiennent toutes des idées indignes de l'Etre Suprême. Par les seules lumières de la Raison on peut aisément en faire voir la fausseté. Mais dans l'image que *Moïse* traça aux *Juifs* de l'Etre Suprême, il leur dit qu'il étoit un dans sa nature, & qu'il avoit créé les Cieux & la Terre. C'est là une vérité à toute épreuve, & qui durera plus que le Monde. Il me semble à présent que j'ai clairement prouvé ces deux choses : prémièrement, que toute véritable Religion doit être révélée, & que, pour être reçue dans le Monde, il est absolument nécessaire qu'elle soit confirmée par des miracles : en second

cond lieu, que la *Crainte* eſt le ſeul motif qui porte naturellement les Hommes à avoir quelque Religion, avant que d'avoir reçu aucune inſtruction.

Hor. Vous m'avez convaincu qu'à pluſieurs égards nous ſommes naturellement de chetives Créatures : mais je ne puis m'empêcher de me ſoulever contre ces mortifiantes vérités, lorsque je les entends propoſer pour la prémière fois. Quoique je ſois dans une grande impatience de vous entendre expliquer l'Origine de la Société, je vous arrête continuellement par de nouvelles queſtions.

Cleo. Vous ſouvenez-vous où nous en ſommes reſtés ?

Hor. Je ne crois pas que nous aïons encore avancé beaucoup à cet égard. Tout ce que nous avons dit ſur ce ſujet, ne s'étend pas au-delà d'un Sauvage, de ſa Femme, de leurs Enfans, de leurs Petits-Fils & Petites-Filles, qui ne ſont capables, ni les uns ni les autres, de donner quelques inſtructions pour gouverner & ſe faire obéir.

Cleo. Il me paroît cependant que nous avons déjà bien avancé dans notre queſtion. N'avois-je pas fait voir que lorsqu'un Fils demeure avec ſon Père, il a toujours plus ou moins de reſpect pour celui qui lui a donné le jour, quelque féroces qu'on les ſuppoſe tous deux ?

Hor. Avant que vous euſſiez pris la peine de vous détruire vous-même, il me paroîſ-

CINQUIEME.

paroiſſoit auſſi que nous n'en étions plus au prémier pas. J'avois conçu de grandes eſpérances de ce reſpect que les Enfans ont pour leurs Pères, & je croïois que ce ſentiment ſuffiſoit pour civiliſer ces jeunes Plantes; mais vous m'avez montré que les Parens Sauvages étoient incapables d'en faire uſage. Puis donc que, ſuivant moi, nous ſommes encore autant éloignés de l'Origine de la Société que nous l'aïons jamais été, ou que cela puiſſe l'être, je vous prie qu'avant de paſſer au point capital, vous répondiez à la queſtion que je vous ai déjà formée ſur les notions du Juſte & de l'Injuſte, vous n'avez fait que gliſſer ſur cette matière. Je ne ſaurois être tranquile, avant que vous me diſiez clairement votre ſentiment ſur ce ſujet. "

Cleo. Votre demande eſt très-raiſonnable, & je chercherai auſſi à vous ſatisfaire de mon mieux. Toute perſonne de ſens, qui par une bonne éducation a acquis des lumières & de l'expérience, trouvera toujours entre le Juſte & l'Injuſte, la même différence qu'il y a entre les choſes diamétralement oppoſées: ainſi il eſt de certaines actions qui ſeront toujours condamnées, & d'autres qui ſeront conſtamment approuvées par une perſonne de ce caractère. On enviſagera toujours comme de mauvaiſes actions, celles de voler, ou de tuer un Membre de la même Société qui ne nous a point offenſé; tandis

dis que guérir un Malade, & faire du bien au Public, feront des actions qu'on déclarera toujours bonnes en elles-mêmes. On dira toujours que c'eſt une bonne régle de conduite, que celle qui porte qu'on doit faire aux autres ce qu'on voudroit qui nous fût fait. Ce ne feront pas feulement les Perſonnes ornées des meilleures qualités, & ceux qui ont appris à penſer d'une manière abſtraite, qui conviendront de ces maximes : mais encore, dans tous les païs & dans tous les tems, les Génies médiocres, élevés dans la Société, y donneront leur conſentement. Tous ceux qui ſavent un peu réfléchir, ne trouveront pas moins évident, qu'avant que les Hommes euſſent formé quelque Société, & que par aucun contract, ou autrement, ils euſſent fait quelque partage, tous avoient un droit égal ſur les biens de la Terre. Mais ſi notre Sauvage n'avoit jamais vu d'autres Créatures Humaines que ſon Epouſe & ſes Enfans, croïez-vous qu'il eût auſſi les mêmes notions du Juſte & de l'Injuſte ?

Hor. J'ai bien de la peine à s'le perſuader. Son peu d'habileté dans l'art de raiſonner, l'empêcheroit de porter un jugement ſi équitable. D'ailleurs le pouvoir qu'il auroit ſur ſes Enfans, le rendroit très-deſpotique.

Cleo. Mais, ſans nous embarraſſer de cette incapacité, ſuppoſons qu'à ſoixante ans il acquît miraculeuſement un jugement

ment sain, la faculté de penser & de raisonner conséquemment, & qu'il obtînt ces qualités au point de perfection que le plus Sage les ait jamais possédées, croiez-vous qu'il changeât jamais d'idées au sujet du droit qu'il a sur toutes les choses qu'il peut se procurer ? Est-ce que jamais il pourroit avoir, soit par rapport à lui-même, soit par rapport à ses descendans, d'autres sentimens que ceux que sa conduite témoignoit qu'il avoit, lorsqu'il paroissoit agir presqu'entièrement par instinct ?

Hor. Sans-contredit. Car s'il venoit miraculeusement à posséder un jugement sain, & une raison droite, qui l'empêcheroit de faire le même usage de ces facultés que les autres ?

Cleo. Vous ne faites point attention, ce me semble, que personne ne peut raisonner qu'*à posteriori*, & qu'on ne peut tirer des conséquences que de ce que l'on fait, ou de ce que l'on suppose vrai. Lorsque j'ai parlé de personnes qui découvriroient de la différence entre le Juste & l'Injuste, il s'agissoit de gens qui avoient vécu en Société, & qui n'avoient pas entièrement oublié les instructions qu'on leur avoit données dans l'enfance ; ou du-moins il s'agissoit de gens qui en avoient vu d'autres de leur espèce, sur lesquels ils n'avoient visiblement aucune autorité, & qui étoient ou leurs égaux ou leurs supérieurs.

Hor. Je commence à croire que vous
avez

avez raifon. Cependant à préfent que j'y réfléchis bien, pourquoi un Homme ne pourroit-il pas très-juftement fe croire Maître d'une Place où il ne connoîtroit point d'autre Créature Humaine que fa Femme, & les Enfans qu'il en a eus ?

Cleo. Je vous accorde tout cela de bon cœur. Mais ne peut-il pas y avoir dans le Monde cent Sauvages, qui aïent chacun une nombreufe Famille, fans qu'ils fe foient jamais rencontrés, ni même fans avoir jamais entendu parler les uns des autres ?

Hor. Il y en aura mille fi vous voulez, & alors ce fera tout autant de Souverains formés par la Nature.

Cleo. C'eft fort bien. Tout ce que je fouhaitois de vous faire remarquer, c'eft qu'il y a des chofes qui paffent généralement pour des vérités éternelles, quoique cent, ou même mille perfonnes de fens & de jugement ne puiffent en avoir aucune idée. Si donc il étoit vrai que chaque Individu fût né avec un efprit de domination, & qu'on ne pût l'en guérir que par le commerce qu'il auroit avec les autres, & par l'expérience dont il feroit redevable au raifonnement fondé fur les faits, comment pourroit-il fe convaincre qu'il n'a pas droit fur tout ce qui eft à fa bienféance ? Parcourons toute la vie de l'Homme, fuivons-le depuis fon enfance jufqu'à fa mort, & voïons quel de ces deux attributs paroît lui être le plus naturel;

turel ; ou le défir de dominer & de s'emparer de tout ce qu'il rencontre ; ou le panchant à agir conformément aux notions du Jufte & de l'Injufte. Dans cet examen nous trouverons que le prémier fe fait remarquer très-fenfiblement dès la plus tendre jeuneffe ; qu'il ne paroît rien du fecond avant que l'on ait reçu quelques inftructions ; & que moins une Perfonne fera civilifée, moins auffi ces principes du Jufte & de l'Injufte auront d'influence fur fes actions. D'où je conclus que ces notions font acquifes; car fi elles nous étoient auffi naturelles, ou qu'elles nous affectaffent d'auffi bonne heure que cette opinion, ou plutôt cet inftinct avec lequel nous naiffons, & qui nous fait régarder tout comme nôtre, on n'entendroit jamais un Enfant pleurer pour avoir le jouet de fon Frère aîné.

Hor. Je crois qu'il n'y a point de droit & plus naturel, & plus raifonnable, que celui que les Pères ont fur leurs Enfans; & jamais nous ne pouvons nous acquiter envers nos Parens de tout ce que nous leur devons.

Cleo. Nous avons certainement de grandes obligations à nos Pères & à nos Meres pour les foins qu'ils prennent & de nous, & de notre éducation.

Hor. C'eft le moins que nous leur devions. Nous leur fommes principalement redevables de notre exiftence. Cent autres perfonnes auroient pu nous élever, mais

mais sans eux nous n'aurions jamais existé.

CLÉO. Oui, tout comme il auroit été impossible de nous procurer les liqueurs qu'on tire du *Malt*, ou de la *Drèche*, sans le terrein qui produit l'orge. Pour moi je ne crois point que l'on ait aucune obligation à une personne qui, sans le savoir, répand ses bienfaits sur nous. Supposons que quelqu'un, voïant une grande quantité de belles Cerises, fût tenté d'en manger, & qu'il satisfît son envie avec un peu trop d'avidité : il pourroit fort bien arriver qu'il avalleroit quelques noyaux, qu'il lui seroit impossible de digérer, comme l'expérience nous l'apprend. Si douze ou quatorze mois après il trouvoit un petit Cerisier dans un endroit de la campagne, où il ne se seroit guères attendu d'en voir, il n'est pas hors de vraisemblance que se rappellant le tems où il auroit été dans ce même lieu, & le sujet qui l'y avoit amené, il ne pût trouver la véritable raison pourquoi ce petit Arbrisseau y auroit pris racine. Il est aussi très-possible que cette même personne prenne soin par curiosité de cette Plante, & qu'elle l'élève. Or je suis assuré que le droit qu'elle auroit sur cet Arbre, en vertu du mérite de son action, ne differeroit en rien de celui qu'un Sauvage auroit sur son Enfant.

HOR. Il me semble qu'il y a bien de la différence entre ces deux cas. Le noyau de de Cerise n'a jamais été une partie de lui-même, ni mêlé avec son sang.

Cléo. Je vous demande pardon, la différence n'est pas aussi grande que vous vous l'imaginez. Elle consiste uniquement en ceci: c'est que le noyau de Cerise n'a pas fait partie de celui qui l'a avallé aussi longtems, & qu'il n'a pas reçu d'aussi grands changemens dans sa figure, qu'il en seroit arrivé à quelqu'autre chose qui se seroit digérée dans son estomac.

Hor. Mais celui qui a mangé le noyau de Cerise, n'a contribué en rien à la production de cette Plante. Elle a cru comme un Végétable; ce qui ne seroit pas moins arrivé, quand même on n'auroit point avallé le noyau d'où est venu cet Arbre.

Cléo. Cela est vrai, & j'avoue que vous avez raison par rapport à la cause qui a produit cette Plante. Mais il est manifeste que j'ai parlé du mérite de l'action qui, dans l'un & l'autre de ces cas, dépendroit uniquement de l'intention des Agens, considérés comme des Etres libres : & lorsqu'un Sauvage fait un Enfant il peut agir, & il est même très-probable qu'il agit sans aucun dessein. Il ressemble à cet égard à celui qui en mangeant les Cerises, ne pensoit point à planter un Arbre. On dit communément que nos Enfans sont *notre chair & notre sang*; mais cette manière de parler est étrangement figurée. Je veux cependant accorder encore qu'elle soit juste. Mais qu'est-ce que cela prouvera ? quelle bienveillance est-ce qu'elle suppose en nous ? quelle bonté à l'égard des autres ?

Hor. Vous direz tout ce qu'il vous plaîra, mais je crois que rien n'est plus propre à rendre les Enfans chers à leurs Père & Mère, que de réfléchir que ces Innocens sont leur propre chair & leur propre sang.

Cleo. Je suis de votre avis. Mais qu'est-ce que cela prouve ? Rien autre chose, si ce n'est que nous avons une estime excessive pour nous-mêmes, & pour tout ce qui vient de nous, pourvu cependant que ce qui vient de nous soit bon, ou en quelque manière louable. Car, à l'égard des autres choses qui sont mauvaises, on a grand soin de les cacher & de les dissimuler, quoique nous en soïons également les auteurs. Dès-que l'on est convenu de regarder quelque chose comme malhonnête, & de l'envisager comme une chose qui tend plutôt à nous couvrir de honte qu'à nous élever, c'est aujourd'hui une impolitesse que de la nommer, ou seulement de l'insinuer. Nous ne contribuons en rien aux différentes métamorphoses que subissent les viandes tandis que l'estomac les prépare, soit qu'elles deviennent du sang, soit qu'elles souffrent quelque autre changement. Il n'y a que la seule manducation, qui de notre part se fasse avec connoissance de cause.

cauſe. Pour tout le reſte l'Economie Animale l'opère ſeule, l'Homme n'y entre pour rien, & il n'y a non plus de part qu'il n'en a à faire marcher ſa montre. C'eſt-là un nouvel exemple qui prouve combien nous ſommes malfondés dans le droit que nous prétendons avoir ſur tous les effets eſtimables auxquels nous avons tant ſoit peu contribué, lors même que c'eſt la Nature qui en eſt la principale cauſe. N'eſt-il pas évident que quiconque ſe fait un mérite de ſa vertu prolifique, n'a aucune raiſon de ſe plaindre, ſi on le blâme d'être attaqué de la gravelle ou de la fièvre ? Si les Hommes n'étoient pas vivement affectés par ce principe de folie naturelle, il n'y auroit point de Créature raiſonnable qui pût s'eſtimer pour une action qu'elle auroit exécutée librement, & en même tems prétendre d'être louée pour quelque action qui n'auroit abſolument point dépendu de ſa volonté. La vie eſt dans toutes les Créatures une action compoſée, où nous n'avons d'autre part que celle d'être purement paſſifs. Nous ſommes obligés de reſpirer, avant que nous ſachions ce que c'eſt que la reſpiration; & ſi nous continuons à exiſter, nous en ſommes uniquement redevables à la Nature, qui comme une Garde vigilante eſt inceſſamment occupée à détourner les accidens qui pourroient trancher le fil de nos jours. Tous les Ouvrages de la Nature, je n'en excepte pas même l'Homme, me, font un miftère impénétrable, où nous ne pouvons rien découvrir par toutes nos recherches. Non contente de nous fournir tout ce qui eft néceffaire pour notre fubfiftance, elle ne fe repofe point fur notre fageffe pour faire ufage de la nourriture. Elle nous a donné l'appétit, qui nous follicite & nous force à manger lorsque nous avons faim. Après nous avoir appris par inftinct à mâcher ce que nous prenons pour nous nourrir, elle nous y engage par le plaifir que nous éprouvons en mangeant. Mais comme cet acte paroît en quelque manière dépendre de notre choix, & que nous favons que nous faifons cet acte, on peut dire que nous y avons quelque part: mais dès-que nous avons avallé les alimens, la Nature reprend fes fonctions, & travaille à notre confervation d'une manière fi miftérieufe, que nous n'y comprenons abfolument rien. Nous n'y contribuons en quoi que ce foit, ou du-moins nous ne nous appercevons pas que nous y aïons la moindre part. Puis donc que c'eft la Nature feule qui dirige, & qui produit fur la nourriture que nous avons prife, tous les changemens requis pour nous faire vivre, quelle honte ou quel honneur pouvons-nous tirer de ce qu'elle produit, foit qu'elle agiffe pour produire la génération, foit que par des fecours certains elle procure l'accroiffement & la confervation des Animaux? C'eft la Nature qui nous porte à travailler ter à la propagation de notre espèce, tout comme à manger. Ainsi un Sauvage multiplie son espèce par instinct, comme les autres Animaux: il ne pense non plus à conserver son espèce, qu'un Enfant nouvellement né se propose de conserver la vie en tettant.

Hor. Cependant, c'est pour ces raisons que la Nature a donné à l'un & à l'autre les différens instincts qui les conduisent.

Cleo. Il n'en faut pas douter : mais je veux dire par-là que l'un n'agit pas plus avec connoissance de cause que l'autre ; car tous les deux ignorent l'effet qui doit résulter de leurs actions. Je suis pleinement persuadé qu'une Femme Sauvage qui n'auroit jamais réfléchi sur la maniere dont les Animaux se propagent, auroit plusieurs Enfans avant qu'elle pût deviner la véritable cause de sa grossesse. Cette cause ne lui viendroit non plus dans l'esprit, qu'elle ne soupçonneroit qu'elle a la colique pour avoir mangé quelque fruit délicieux, surtout si elle s'en étoit régalée durant plusieurs mois sans en avoir été incommodée. Dans tous les Païs du Monde les Femmes n'accouchent jamais qu'elles ne souffrent plus ou moins ; douleur qui ne semble pas avoir grand rapport avec le plaisir. Ainsi une Créature privée de toute éducation, quelque docile & attentive qu'on la suppose, auroit besoin de plusieurs expériences très claires pour croire

croire que l'un produit l'autre, ou en est la cause.

Hor. La plupart des gens ne se marient-ils pas dans l'espérance & dans le but d'avoir des Enfans ?

Cleo. Je ne le nie pas. Cependant je suis persuadé que, même dans l'état du mariage, il y a bien autant de Personnes qui préféreroient de n'avoir point d'Enfans, ou qui du-moins souhaiteroient de n'être pas si-tôt chargés d'une nombreuse Famille, comme cela arrive souvent, qu'il y en a qui seroient charmés de se voir des Héritiers. Mais lorsque sans être mariés on jouït des plaisirs que procurent les embrassemens les plus étroits, le plus grand malheur qui puisse arriver à ces Amans passionnés, c'est d'avoir des Enfans. Ainsi il arrive souvent que l'Enfant, qui, sans qu'ils y aïent pensé, ni qu'ils l'aïent souhaité, a été le fruit d'un amour criminel, est détruit par une vanité encore plus criminelle, qui leur fait commettre, volontairement & de propos délibéré, une cruauté abominable. Mais tout cela ne regarde que les Personnes qui, Membres d'une Société, ont des lumieres, & connoissent les suites naturelles des choses. Pour moi, je ne parle que de Sauvages qui n'auroient absolument point reçu d'éducation.

Hor. Malgré cela, le but que tous les Animaux de l'un & de l'autre sexe se proposent

sent dans leurs amours, est la conservation de leur espèce.

Cleo. Je vous ai déjà accordé tout cela. Mais encore une fois, ce n'est point cette considération qui porte le Sauvage à faire l'amour. Il travaille à la propagation de son espèce, avant que de savoir quelle en sera la suite. Je doute même beaucoup que la conservation de l'espèce ait été un principe qui ait jamais fait agir les Personnes les plus civilisées dans leurs embrassemens les plus chastes. Un Riche peut désirer impatiemment d'avoir un Fils, qui hérite de ses titres & de ses biens. Il peut même arriver qu'il se mariera dans ce seul but, & par cet unique motif. Mais toute la satisfaction qu'il paroît goûter dans l'idée flatteuse d'une heureuse postérité, peut uniquement venir des réflexions qu'il fait sur lui-même, lorsqu'il se considère comme la cause qui a donné l'existence à ceux qui descendront un jour de lui. Quelque considérables que l'on suppose les obligations que la Postérité doit avoir à cet Homme dont elle tire son origine, il est cependant certain que le motif qui l'a fait agir, a été de se procurer à lui-même du plaisir. Mais dans ce cas-là encore, y a-t-il un désir de se voir de la Postérité? Ce Riche, en se mariant, pense à avoir des Enfans, c'est-là le but qu'il se propose; au lieu qu'on ne peut pas dire que notre Couple Sauvage ait un tel dessein, en s'unissant. Ils ne peuvent se glorifier de rien de semblable. Cependant ils seront assez vains pour s'imaginer qu'ils sont la cause principale de l'existence de tous leurs Descendans, quand même ils vivroient assez longtems pour voir leur cinquième ou leur sixième Génération.

Hor. Je ne vois pas qu'il y ait en cela la moindre vanité. Si j'étois à leur place, je serois à l'égard de cette Postérité dans les mêmes idées.

Cleo. Cependant il seroit clair que, comme Agens libres, ils n'auroient contribué en rien à l'existence de leur Postérité.

Hor. Pour à-présent il est certain que vous allez trop loin. Comment rien?

Cleo. Non, ils n'y contribuent en rien de propos délibéré, pas même à celle de leurs propres Enfans, si du-moins vous convenez que les Hommes tiennent leurs appétits de la Nature. Dans l'Univers il n'y a qu'une seule Cause réelle, qui produise cette variété infinie d'effets surprenans, & tous ces grands travaux qui s'exécutent dans la Nature, tant ceux qui sont à la portée de nos sens, que ceux qui en sont fort éloignés. A proprement parler, & dans l'exacte vérité, les Pères & Mères ne sont pas plus les causes efficientes de leurs Descendans, que les outils faits & inventés par un Artiste ne le sont de ses Ouvrages les mieux travaillés. La Machine destituée de de tout sentiment, qui élève l'eau dans la chaudière, & la Cuve où l'on met fermenter le Grain, toute passive qu'elle est, contribuent autant à faire la Bière, que l'Homme & la Femme les plus ardens à produire un Enfant.

Hor. Vous faites de l'Homme un tronc & une pierre. N'est-il pas en notre pouvoir d'agir, ou de ne pas agir ?

Cleo. Oui, il dépend à présent de moi de me casser la tête contre la muraille, ou de n'en rien faire. Mais j'espère que vous n'êtes pas fort embarrassé à deviner quel de ces deux partis je choisirai.

Hor. Ne dirigeons-nous pas notre corps comme nous voulons ? Chaque action n'est-elle pas déterminée par la volonté ?

Cleo. Qu'est-ce que cela fait dans les cas où la passion dirige manifestement, & gouverne despotiquement la volonté ?

Hor. Toujours sera-t-il vrai de dire que nous agissons avec sentiment, & que nous sommes des Créatures intelligentes.

Cleo. Non pas dans le cas dont je parle; car soit que nous le veuillions, ou que nous ne le veuillions pas, nous sommes violemment portés, pour ne pas dire forcés, à coopérer avec la Nature, à rechercher cet acte, & à prendre bon gré malgré nous ce plaisir, qui surpasse infiniment notre entendement. La compaparaifon que j'ai faite, eft jufte dans toutes fes parties. Les Amans les plus paffionnés, & fi vous voulez les plus induftrieux que vous pourrez concevoir, font tous également ignorans dans la manière dont fe fait la génération. Que dis-je ! Je foutiens qu'après avoir eu vingt enfans enfemble, ils feront tout auffi ignorans qu'auparavant fur cette matière, & fur les voies que fuit à cet égard la Nature. Même alors ils ne connoîtront non-plus les opérations de la Nature fur ce fujet, & ce qui s'eft paffé au dedans d'eux, que les outils inanimés ne connoiffent les plus miftérieufes & les plus ingénieufes opérations auxquelles ils ont été emploïés.

Hor. Je ne connois perfonne qui foit plus habile à décrire la Vanité Humaine, & qui fache mieux nous rabaiffer que vous. Lorfque vous entamez une fois cet article, vous ne l'abandonnez pas aifément. Je fouhaiterois bien que laiffant toutes ces digreffions, vous vouluffiez à préfent m'apprendre la manière dont les Hommes ont pu fe réunir pour compofer des Sociétés. Je vous avoue qu'il m'eft abfolument impoffible de voir comment une Famille Sauvage a pu former une Société. C'eft-là où nous en étions reftés. Lorfque ces Enfans feront devenus grands, il eft certain qu'ils fe querelleront très-fouvent. La chofe ne fauroit aller autrement. Il fuffit que des
Hom-

Hommes aïent les trois appétits les plus communs, pour qu'ils ne vivent jamais paisiblement ensemble, tant qu'ils ne seront pas soumis à quelque forme de Gouvernement. Je veux supposer qu'ils aïent tous de la déférence pour leur Père. Si cependant ce Chef manquoit absolument de prudence, & qu'ainsi il ne fût point en état de leur prescrire de bonnes règles de conduite, je suis persuadé qu'ils seroient continuellement en guerre. Plus le nombre de ses Descendans deviendroit grand, & plus ce Vieillard seroit embarrassé du désir qu'il auroit de commander, & de l'incapacité où il seroit de s'en acquiter. A mesure qu'ils se multiplieroient, ils seroient forcés d'étendre leurs limites, parce que le terrein où ils auroient reçu le jour, ne pourroit pas longtems les contenir tous. Cependant il n'y en auroit aucun qui voulût quiter son païs natal, surtout s'il étoit fertile. Plus j'y pense, plus j'examine de pareilles multitudes, & moins je puis concevoir comment elles pourroient jamais venir à former des Sociétés.

CLEO. La prémière chose qui engageroit ces Hommes à vivre en Société, ce seroit un de ces dangers qui, commun à toute l'espèce, unit même les plus mortels Ennemis. Or il est évident que ce danger est celui où le Genre Humain a été à l'égard des Bêtes féroces; puisque dans tous les Païs déserts il y a de pareils
Ani-

Animaux, & que l'Homme, en venant au monde, se trouve dans un état si foible, qu'il est absolument incapable de se mettre à couvert de leur rage. C'est cet inconvénient inévitable, qui doit souvent avoir empêché l'accroissement de notre espèce.

Hor. Si cela est, il n'est donc pas probable, comme vous l'avez supposé, que notre Sauvage pût vivre tranquilement avec sa Postérité durant cinquante ans; & il n'est pas nécessaire de chercher à répondre à l'Objection qu'on peut tirer de l'embarras où ce Père seroit, à cause du grand nombre de Descendans qu'il auroit à conduire.

Cleo. Vous dites fort bien. Il est à présumer que des Hommes qui manqueroient d'armes pour se défendre, deviendroient bientôt la proie des Bêtes féroces, qui se nourrissent de tous les Animaux qu'elles peuvent attraper, & qui, au péril de leur vie & sans se donner aucun relâche, cherchent de tous côtés des alimens pour appaiser leur faim dévorante. Si j'ai fait cette supposition, c'étoit pour vous montrer, *prémiérement*, qu'il n'étoit point vraisemblable qu'un Sauvage, qui n'auroit reçu aucune éducation, eût les lumières & le discernement que le Chevalier *Temple* lui attribue. J'ai voulu, *en second lieu*, vous faire sentir que des Enfans qui auroient commercé avec leur espèce, étoient cependant

dant capables d'être gouvernés, quand même ils n'auroient été élevés que par des Sauvages; & que, *par conséquent*, tous ces Hommes, parvenus à un âge mûr, étoient propres à vivre en Société, quelque ignorance & quelque incapacité qu'on supposât dans leurs Parens.

Hor. Je vous remercie de votre supposition; car elle m'a fait voir que la prémière Génération des Sauvages les moins disciplinés a suffi pour produire des Créatures Sociables; mais que, pour produire un Homme capable de gouverner les autres, il falloit quelque chose de plus.

Cleo. Je reviens à ma conjecture sur le prémier motif qui pourroit avoir déterminé les Hommes à se réunir ensemble pour composer une Société. Il est vrai qu'on ne peut rien dire de certain sur ces commencemens, parce qu'alors on ignoroit l'art d'écrire. Cependant, si l'on considère la chose en elle-même & dans sa nature, on trouvera, ce me semble, qu'il est très-probable que ce prémier motif doit avoir été le danger des Bêtes féroces, qui étoit commun à toute notre Espèce. Celles qui ont été plus rusées ont dressé des embuches aux Enfans, & ont fait servir à leur nourriture les Animaux sans défenses, tandis que celles qui ont été plus hardies ont attaqué à force ouverte les Femmes & les Hommes faits. Ce qui ne sert pas peu à me confirmer dans cette opinion, c'est cet accord génénéral qui se trouve dans toutes les Relations que nous avons des différens Païs, sur ce qui s'est passé dans les tems les plus anciens; car l'Histoire Prophane est toute remplie de descriptions de combats que les Hommes ont eu à soutenir contre les Animaux Sauvages, lorsque les Nations n'étoient encore que dans leur enfance. C'est-là où nous lisons les grands travaux de ces Héros de l'Antiquité la plus reculée, qui ont fait voir leur valeur en tuant les Dragons, & en subjuguant les autres Monstres.

Hor. Croïez-vous donc qu'il y ait eu des Sphinx, des Basilics, des Dragons volans, ou des Taureaux qui vomissoient des flammes?

Cleo. Pas plus que je ne crois qu'il y a aujourd'hui des Sorciers. Mais je suis persuadé que toutes ces fictions ont tiré leur origine des Bêtes féroces, des maux qu'elles ont causé, & d'autres objets réels qui ont inspiré de la terreur aux Hommes. Ainsi l'on n'auroit jamais entendu parler de Centaures, si l'on n'avoit jamais vu personne à cheval. La force prodigieuse & la rage terrible que l'on remarque dans certains Animaux sauvages; le pouvoir étonnant que doit avoir le venin caché certainement dans quelques Créatures, si l'on en juge par les divers poisons que renferment d'autres plus connues; les attaques subites & imprévues des Serpens, leur diversité, & l'énorme gros-

grosseur des Crocodiles; la figure irrégulière & extraordinaire de certains Poissons, & les aîles de quelques autres; tous ces objets sont autant de choses qui peuvent allarmer l'Homme naturellement timide. Il est incroïable quelles chimères la crainte peut enfanter dans un esprit qui en est agité. Les dangers que les Hommes ont couru le jour, les inquiètent souvent pendant la nuit. Il leur semble quelquefois que l'objet qui a causé leurs allarmes pendant la veille, est couché à leur côté, & qu'il les poursuit par-tout. Leur esprit échauffé fait qu'ils s'imaginent d'être dans un très-grand danger, & de voir réellement ce qu'ils ne voient point. En faut-il davantage pour que les Hommes, se rappellant leurs songes funestes, viennent à se persuader que ces phantômes de leur imagination existent réellement ? D'ailleurs, si vous considérez que l'Homme, naturellement ignorant, desire avec ardeur d'acquérir des lumières, vous conviendrez qu'il doit avoir beaucoup de crédulité : foiblesse qui a pour première cause l'espérance & la crainte. Faites ensuite attention au desir que les Hommes ont généralement pour les Applaudissemens, à l'amour excessif qu'ils ont presque tous pour le Merveilleux, pour ceux qui disent en avoir été les témoins, ou pour ceux qui le rapportent, & vous comprendrez aisément comment il a pu arriver qu'on soit venu

Tome IV.   E   à

à parler de plusieurs Créatures, à les décrire, & à les peindre, quoiqu'elles n'aient jamais existé.

Hor. Je ne suis point surpris de l'origine des Figures monstrueuses, ni de celle des Fables. Mais ce que vous avez allégué en faveur du prémier motif qui engageroit les Hommes à se réunir, me paroît renfermer quelque chose de fort embarrassant. Je vous avoue même que je n'y avois jamais pensé auparavant. Pour moi, il m'est impossible de concevoir comment notre Espèce a pu subsister, lorsque je réfléchis sur la condition de l'Homme, que vous avez représenté comme nud, incapable de se défendre, & environné d'une multitude d'Animaux rapaces, qui, avides de son sang, le surpassent en force, & sont parfaitement armés par la Nature.

Cleo. La remarque que vous faites, mérite bien que nous nous arrêtions un moment.

Hor. Il est en effet surprenant qu'il y ait encore des Hommes sur la Terre. Que les Lions & les Tigres sont de vilaines & d'abominables Bêtes !

Cleo. Je les regarde comme de fort belles Créatures. Il n'est rien qui excite plus mon admiration qu'un Lion.

Hor. Il y a quelque chose d'extraordinaire dans les récits qu'on nous fait de sa générosité & de sa gratitude ; mais croïez-vous qu'ils soient réels ?

Cleo.

Cleo. C'est de quoi je m'embarrasse fort peu. Ce que j'admire dans cet Animal, c'est sa figure, sa construction, & sa férocité, qualités qui sont si bien assorties les unes aux autres. Dans tous les Ouvrages de la Nature on remarque de l'ordre, de la symétrie, & une sagesse infinie; mais il n'y a point de Machine comme le Lion, dont chaque partie réponde plus visiblement à la fin pour laquelle le tout a été formé.

Hor. Vous voulez dire pour la destruction des autres Animaux?

Cleo. C'est justement cela. Cette fin ne sauroit être plus manifeste. Aucun mistère ni aucune obscurité ne la cachent. Que les Raisins aient été faits pour le Vin, & l'Homme pour vivre en Société, ce sont des vérités incontestables, quoiqu'elles ne se trouvent pas confirmées par tous les Individus: au lieu que chaque Lion porte avec soi une majesté réelle, dont la seule vue oblige les Animaux les plus courageux à trembler & à lui rendre hommage. Si nous considérons la solidité, la grosseur & la longueur de ses griffes; si nous examinons la manière ferme & exacte avec laquelle elles sont liées & jointes à son énorme patte; si nous envisageons ses dents terribles, la force de ses machoires, & la largeur de sa gueule épouvantable, on découvrira d'abord l'usage qu'il peut faire de ces deux parties: mais si outre cela nous faisons attention à toute sa structure, à la figure de ses membres, à la dureté de sa chair, à celle de ses tendons, & à la solidité de ses os comparée avec ceux des autres Animaux; si nous réfléchissons sur sa colère qui ne l'abandonne jamais, sur sa diligence & son agilité tandis que ce Roi des Animaux rode dans le Désert : Si, dis-je, nous examinons toutes ces choses, il faut être stupide pour n'y pas observer le but de la Nature, qui d'une main habile a formé avec un art merveilleux cette belle Créature pour agir offensivement, & pour remporter la victoire dans tous les combats qu'elle donne.

Hor. Il faut avouer que vous êtes un excellent Peintre. Mais, après tout, pourquoi jugeriez-vous de la nature d'une Créature par ce qu'elle est aujourd'hui, plutôt que par son origine, & par l'état où elle se trouva lorsqu'elle fut prémièrement créée ? Dans le Paradis Terrestre le Lion fut une Créature douce & aimable. Ecoutez ce que *Milton* nous dit de la conduite qu'il tint en présence d'*Adam* & d'*Eve*, lorsque ces Chefs du Genre Humain étoient mollement assis sur le panchant d'une Colline émaillée de fleurs.

„ Autour d'eux s'égaroient tous les Ani-
„ maux que nous connoissons sur la Ter-
„ re, & qui maintenant se retirent dans
„ les Bois ou dans les Déserts, dans les
„ Forêts ou dans les Tanières. Le Lion
„ ba-

„ badinant se cabroit, & dans ses pattes
„ berçoit le tendre Chevreau. Les Ours,
„ les Tigres, les Panthères & les Léo-
„ pards bondissoient devant eux *".

Si ce que ce grand Poëte dit en cet endroit est vrai, quelle étoit donc la nourriture du Lion dans le Paradis Terrestre ? Avec quoi se nourrissoient alors tous les Animaux de proie ?

CLEO. Je n'en sai rien. Il n'y a personne qui, regardant la Bible comme un Livre Divin, ne croie que toute l'économie du Paradis, & le commerce qu'il y a eu entre Dieu & l'Homme, n'aient été des choses autant surnaturelles, que l'acte de créer cet Univers de rien. Ainsi l'on ne sauroit prétendre que la Raison Humaine puisse jamais en donner aucune explication: & supposé qu'on voulût expliquer quelque fait qui regardât des tems si reculés, on ne peut légitimement rendre *Moïse* responsable que de ce qu'il a lui-même avancé. L'Histoire qu'il nous a laissée de ces tems-là, est très-succincte. On ne doit donc point la charger d'aucune de ces choses, qui sont contenues dans les Commentaires que les autres Auteurs en ont faits dans la suite.

HOR. *Milton* n'a rien avancé du Paradis Terrestre, qui ne puisse être justifié par ce qu'en a dit *Moïse*.

CLEO. On ne trouvera dans aucun endroit

* PARADIS PERDU, *Liv.* IV.

droit des Livres de *Moïse*, que l'état d'innocence ait duré assez longtems, pour que les Chèvres, ou les autres Animaux vivipares aient pu produire & mettre au monde des Créatures de leur espèce.

Hor. Vous voulez dire qu'il n'y a point eu de *Chevreau*. Je n'aurois pas voulu critiquer une pareille bagatelle dans un aussi beau Poëme, aussi n'étoit ce point-là ma pensée. Lorsque j'ai rapporté ce passage, je m'étois uniquement proposé de vous montrer combien le Lion étoit inutile, & même ridicule, placé dans le Paradis; & que ceux qui prétendent trouver des défauts dans les Ouvrages de la Nature, pourroient avoir été fondés à la reprendre de ce qu'elle auroit prodigué, sans aucun dessein, à ce terrible Animal un aussi grand nombre de qualités excellentes. ,, Quelle belle variété d'armes ,, destructives, *diroient-ils*, n'a pas cette ,, Créature! Quelle n'est pas la force ,, prodigieuse de ses muscles & de ses ,, membres! Et à quoi bon tout cela? ,, Pour vivre paisiblement, & pour *bercer* ,, *dans ses pattes le tendre Chevreau* ". Je vous avoue que cette occupation du Lion me paroît aussi ridicule & aussi mal choisie, que si vous faisiez d'*Alexandre le Grand* une Nourrice.

Cleo. Vous pourriez aujourd'hui vous figurer une chose toute pareille sur un Lion que vous trouveriez endormi. Celui qui n'auroit jamais vu de Taureau

qu'au

qu'au milieu d'un troupeau de Vaches où il paîtroit tranquilement, pourroit s'imaginer que ses cornes lui sont absolument inutiles : mais s'il voïoit un de ces Animaux attaqué par des Chiens, par un rival de son espèce, bientôt il découvriroit l'usage & l'utilité qu'il peut retirer de ses cornes. Le Lion n'étoit pas fait pour rester toujours dans le Paradis.

Hor. Voilà où je voulois vous amener. Si le Lion a été fait pour qu'il servît, & qu'il répondît à sa fin, quand il seroit hors du Paradis, il est donc manifeste que la chute de l'Homme fut déterminée & prédestinée avant la Création du Monde.

Cleo. Elle a été prévue. Que rien ne soit caché à l'Etre qui sait tout, c'est un fait certain : mais je nie absolument qu'elle ait été prédestinée, en sorte que cette prédestination ait influé en quelque manière sur le libre arbitre d'*Adam*. Le mot de *Prédestination* a fait tant de bruit dans le monde, & est une matière inexplicable, qui a déjà occasionné un si grand nombre de funestes dissensions, que je suis résolu à ne jamais entrer en dispute sur ce sujet.

Hor. Je ne prétends pas non plus vous y obliger : mais cette force du Lion, que vous avez si bien exaltée, doit avoir fait périr, au commencement, des milliers de Créatures Humaines. Il me paroît impossible que les Hommes, pendant qu'ils étoient en petit nombre, aïent pu se défendre avant que d'avoir des armes à feu, ou du moins des arcs & des flêches. Combien d'Hommes & de Femmes nuds ne faudroit-il pas pour faire tête à une couple de Lions?

Cleo. Cependant nous existons encore, & il n'est aucune Nation civilisée où on laisse ces Animaux donner des marques de leur férocité. Notre habileté supérieure a prévenu leur rage naturelle.

Hor. La Raison me dit bien que la chose doit avoir été ainsi: mais je ne puis m'empêcher de remarquer, que lorsque vous avez besoin de l'entendement humain pour résoudre quelque difficulté, vous ne manquez jamais d'y recourir, & de lui attribuer une grande pénétration; tandis que d'autres fois la connoissance & le raisonnement ne sont, suivant vous, que l'ouvrage du tems, en sorte que les Hommes ne sont capables de penser juste qu'après qu'il s'est écoulé plusieurs générations. Avant que les Mortels eussent des armes, que pouvoit faire, je vous prie, l'habileté humaine contre les Lions? & qui empêchoit les Bêtes féroces de dévorer les Humains d'abord après leur naissance?

Cleo. La Providence.

Hor. Il est vrai que *Daniel* fut miraculeusement délivré de la gueule des Lions; mais qu'est-ce que cela fait par rap-

rapport au reste du Genre Humain ? On sait que les Animaux sauvages ont déchiré, en différentes occasions, des multitudes de Personnes. Je voudrois bien savoir pourquoi ils n'ont pas détruit entièrement toute l'Espèce Humaine ? D'où vient qu'il est resté quelques-uns des Individus, dans le tems que les Hommes n'avoient encore point d'armes pour se défendre, ni de places fortes pour se mettre à couvert de la furie de ces Créatures impitoïables ?

Cleo. Je vous ai déjà dit que c'étoit la Providence.

Hor. Mais comment pouvez-vous prouver que c'est ce concours miraculeux ?

Cleo. Vous parlez encore de Miracles, tandis que je ne fais mention que de la Providence, ou de cette Sagesse avec laquelle Dieu gouverne le Monde.

Hor. *Eris mihi magnus Apollo*, si vous pouvez me faire voir, que dans la manière dont cette Sagesse a agi, au commencement du Monde, avec notre Espèce & celle des Lions, il n'y avoit pas plus de miracle qu'il n'y en a présentement. Car je suis assuré qu'un Lion qui n'auroit point été apprivoisé, se jetteroit aujourd'hui tout aussi bien sur un Homme nud, que sur un Bœuf ou sur un Cheval.

Cleo. Ne m'accordez-vous pas que toutes les qualités essentielles, les instincts, & ce que l'on appelle la nature des choses, tant animées qu'inanimées, sont la production & les effets de cette Sagesse?

Hor. Je n'ai jamais pensé autrement.

Cléo. Il ne sera donc pas difficile de prouver ce que vous demandez. Les Lions, qui sont féroces, naissent toujours dans des Païs extrêmement chauds, tandis que les lieux froids sont la demeure des Ours. Mais la plupart des Hommes, qui aiment une chaleur modérée, se plaisent davantage dans les Régions tempérées. Quoique les Humains puissent malgré eux se faire au grand froid, ou s'accoutumer par l'usage & la patience à une chaleur excessive, il est cependant certain qu'un air doux, & qui tient le milieu entre les deux extrêmes, sera plus agréable aux Corps Humains. C'est aussi pour cela que la plupart des Mortels préféreront à s'établir dans les Climats tempérés, & qu'ils ne choisiront point d'autre demeure, dès-qu'ils y jouiront, toutes choses égales, des mêmes commodités. Vous voyez donc par-là que les Hommes n'auront pas eu beaucoup à craindre des Bêtes les plus féroces & les plus vigoureuses.

Hor. Mais ces Animaux se tiendront-ils si exactement renfermés dans leurs limites, qu'ils ne s'en écartent jamais? Les Lions & les Tigres resteront-ils toujours dans les Païs chauds, & les Ours dans les Païs froids?

Cléo.

CLEO. Je ne le suppose point ; puisque l'on a souvent vu des Lions enlever & des Hommes & du Bétail dans des lieux fort éloignés de ceux où ces Animaux avoient pris naissance. Il n'est point de Bête féroce qui soit plus souvent fatale à notre espèce, que la nôtre propre. Des Hommes poursuivis par leurs Ennemis se sont retirés dans des Climats & dans des Régions qu'ils n'auroient jamais choisis pour leur séjour. J'avoue encore que l'Avarice & la Curiosité ont souvent exposé les Humains, sans nécessité, ou sans qu'ils y fussent forcés, à des dangers qu'ils auroient pu éviter, si contens du nécessaire ils eussent travaillé à leur conservation, en vivant d'une manière simple, qui auroit satisfait des Créatures moins vaines & moins fantasques. Je ne doute pas que dans toutes ces rencontres, il n'y ait eu un grand nombre de Personnes qui aient souffert de la part des Bêtes sauvages, ou d'autres Animaux malfaisans. Si l'on ne fait attention qu'à ce dernier article, je suis pleinement persuadé qu'il auroit été impossible qu'une Multitude de notre espèce eût pu s'établir & subsister dans des Païs ou fort chauds ou fort froids, avant que les Humains eussent inventé les arcs & les flèches, ou d'autres armes qui les missent en état de se mieux défendre. Mais tout cela ne renverse point mon Système. Il me falloit prouver que toutes les Créatures, choisissant par instinct le degré de cha-

chaleur qui leur est le plus naturel, l'Homme doit avoir trouvé assez d'endroits dans le Monde pour multiplier, durant plusieurs siècles, son espèce, sans courir presque aucun risque d'être dévoré ni par les Lions, ni par les Ours ; & que par conséquent l'Homme le plus sauvage a aisément pu, sans lui supposer beaucoup d'esprit, trouver les moïens de se mettre à couvert de la furie de ces Animaux. Voilà ce que j'appelle l'Ouvrage de la Providence. J'entends par-là cette Sagesse immuable de l'Etre Suprême, qui paroît avec éclat dans l'arrangement & l'harmonie de l'Univers. C'est-là la source de cette enchaînure incompréhensible de Causes, d'où dépendent sans-contredit tous les évènemens.

Hor. Vous vous en êtes mieux tiré que je ne l'avois espéré : mais j'ai bien peur que ce que vous avez donné comme le prémier motif qui a engagé les Hommes à s'unir en Société, ne devienne inutile par les réflexions que vous venez de faire.

Cleo. Ne vous en mettez point en peine. Il y a d'autres Bêtes sauvages dans le Monde, dont les Humains, dénués d'armes, n'auroient jamais pu se garantir sans se joindre ensemble, & se prêter mutuellement du secours. On trouve une grande quantité de Loups dans les Païs les plus incultes de la Zone tempérée.

Hor. J'ai vu de ces Animaux en *Allemagne*:

magne : ils sont de la grandeur d'un gros Chien, mais je croïois que leur principale proie étoit les Moutons & les Brebis.

Cleo. Ils prennent tout ce qu'ils peuvent attraper. Ce sont des Créatures terribles, qui, lorsqu'elles sont pressées par la faim, tomberont sur les Hommes, les Vaches & les Chevaux, comme sur les Moutons & les Brebis. Les dents de ces Animaux sont comme celles de nos Dogues ; mais ils ont de plus qu'eux des griffes aigues pour déchirer ce qu'ils tiennent. L'Homme le plus vaillant égale à-peine ces Bêtes sauvages en force ; & ce qu'il y a de pis, c'est qu'elles vont souvent par troupes, & qu'elles attaquent quelquefois des Villages entiers. D'ailleurs, comme elles ont d'une portée cinq ou six Petits, & même plus, elles auroient bientôt rempli le Païs où elles ont reçu le jour, si les Humains réunis ne s'appliquoient à les détruire. Les Sangliers sont aussi des Animaux fort cruels. Dans les Climats tempérés il y a peu de grandes Forêts, & de lieux inhabités qui en soient exempts.

Hor. Ces Bêtes ont des défenses qui sont de terribles armes.

Cleo. Elles surpassent même de beaucoup, à ce qu'on dit, les Loups en grosseur & en force. L'Histoire est toute remplie des maux qu'elles ont causés dans les anciens tems, & de la réputation que les Grands Hommes se sont acquise en les tuant.

Hor.

Hor. Cela est vrai ; mais ces Héros qui dans les siècles reculés ont combattu des Monstres, étoient bien armés, ou du-moins la plus grande partie d'entr'eux. Que voulez vous, je vous prie, que des Hommes nuds, destitués absolument de toutes armes, opposent aux dents & aux griffes des Loups rapaces qui viendroient les attaquer par troupes ? Le plus grand coup qu'un Homme dans cet état pût assener, pourroit-il faire une grande impression sur la peau d'un Sanglier, qui est épaisse, & couverte de poils rudes & longs ?

Cleo. Si d'un côté j'ai rapporté tout ce que l'Homme avoit à craindre des Bêtes féroces, il ne faut pas de l'autre oublier ce qui est en sa faveur. *Prémièrement*, un Sauvage endurci à la fatigue l'emporteroit de beaucoup en force, en agilité & en souplesse sur un Homme civilisé. *En second lieu*, il seroit plus facile à se mettre en colère ; passion qui, dans cet état de simple Nature, lui seroit plus utile & d'un plus grand secours, qu'elle ne sauroit l'être dans la Société ; où, dès l'enfance, on fait usage de divers moïens pour apprendre à l'Homme, & pour l'obliger, par l'idée de sa propre conservation, à emploïer sa timidité pour arracher & étouffer le noble présent de la Nature. On remarque que la plupart des Créatures sauvages, lorsqu'il y va de leur vie, ou de celle de leurs Petits, se battent avec une
furieu-

furieuse opiniâtreté, & qu'elles continuent à se défendre jusqu'à la dernière extrémité. Tant qu'elles ont un souffle de vie, elles font dans ces occasions tout le mal possible, sans faire attention ni à leur foiblesse, ni aux desavantages qu'elles éprouvent en continuant à combattre. On peut observer, d'un autre côté, que plus les Créatures sont mal élevées & incapables de réflexion, & plus elles se laissent gouverner despotiquement par leur passion dominante. L'affection naturelle porteroit les Sauvages de l'un & de l'autre sexe à sacrifier leur vie, & à s'exposer à la mort pour sauver leurs Enfans. S'ils périssoient, ce ne seroit que dans le combat. Concluons donc qu'un Loup auroit de la peine à enlever un Enfant à des Parens vigilans & résolus, quand même on les supposeroit nuds. Cependant on ne sauroit comprendre que l'Homme, quoiqu'il naisse sans armes, ne sentît bientôt la force de ses bras : bientôt il connoîtroit les avantages qu'il peut retirer de l'articulation de ses doigts, pour prendre & pour serrer quelque chose avec la main. Le Sauvage même le plus ignorant, avant que d'être parvenu à un âge mûr, sauroit faire usage d'un bâton, ou d'une massue. Comme le danger auquel on seroit exposé de la part des Bêtes féroces, seroit de la plus grande importance, on mettroit aussi tout en œuvre pour se garantir de leur funeste rage. On feroit des creux en terre,

&

& on inventeroit divers autres ſtratagêmes pour ſe ſaiſir de ces Ennemis, & pour détruire leurs Petits. Dès-qu'on auroit trouvé le moïen de faire du feu, on ſe ſerviroit de cet Elément, & pour ſe mettre en ſureté, & pour nuire à ceux qui chercheroient à nous faire du mal. A l'aide de cette découverte, on apprendroit bientôt à rendre pointus des morceaux de bois; d'où l'on n'auroit qu'un pas à faire, pour inventer les épieux & des armes tranchantes. Lorsque les Humains ſont en colère contre des Créatures juſques à les frapper, & que celles-ci s'enfuïent ou leur échappent, ils ſont portés à courir pour continuer à les maltraiter. Dans ces occaſions ils ſentiroient le peu d'uſage de leurs épieux, ce qui les conduiroit naturellement à inventer les dards & les javelots. Peut-être qu'après cela ils ne feroient pas ſi aiſément de nouvelles découvertes; mais le même enchaînement de réflexions ne manqueroit pas à la longue de produire des arcs & des flèches. Il eſt bien aiſé de s'appercevoir de l'élaſticité des bâtons & des branches d'arbres; & il n'eſt pas non plus beſoin d'une grande ſagacité pour trouver l'art de faire des cordes avec des boyaux d'Animaux. Ce qu'il y a du-moins de très-certain, c'eſt que ces cordes ont été en uſage longtems avant celles du chanvre. L'expérience nous apprend que les Hommes peuvent avoir toutes ces choſes, même beaucoup d'autres d'autres espèces d'armes, & être très-habile à s'en servir, avant qu'il y ait eu aucune autre Forme de Gouvernement établie entr'eux, que celle qui est fondée sur l'autorité que les Parens ont sur leurs Enfans. On n'ignore pas que des Sauvages qui n'auroient pas de meilleures armes, se hazarderoient, s'ils étoient en assez grand nombre, à attaquer & à aller à la chasse des Bêtes les plus féroces, des Lions mêmes & des Tigres. Il ne faut pas passer sous silence une chose qui favorise notre Espèce, dans les attaques que peuvent nous faire les Animaux qui se trouvent dans les Climats tempérés.

Hor. Vous voulez sans-doute parler des Loups & des Sangliers?

Cleo. C'est précisément cela. Quoiqu'il soit incontestable que les Loups aient dévoré un grand nombre de gens, on ne peut cependant nier que ces Animaux ne soient plus portés à se jetter sur les Brebis & sur la Volaille, que sur notre Espèce. Pendant qu'ils trouveront de la charogne, ou quelqu'autre nourriture, ils attaqueront rarement les Hommes, ou d'autres Animaux un peu grands. C'est aussi pour cette raison qu'en Eté nous n'avons pas beaucoup à craindre d'en être insultés. On ne peut pas non plus révoquer en doute que les Sangliers ne se soient repus de chair humaine: cependant ils se nourrissent pour l'ordinaire de gland, de chataignes, de faine, & d'autres

tres espèces de fruits. Ils ne sont carnassiers que dans certaines occasions, & lorsque, pressés par la nécessité, ils ne peuvent se procurer de végétable pour appaiser leur faim. Ce qui arrive lorsque, pendant un froid rigoureux, la terre stérile est entièrement couverte de neige. Concluons donc que ces deux espèces d'Animaux n'exposent les Hommes à aucun danger certain, que dans des Hivers rudes & longs, qui sont assez rares dans les Climats tempérés. Ce n'est pas qu'ils ne nous incommodent, & qu'ils ne soient toujours nos ennemis, puisqu'ils gâtent & dévorent tout ce qui peut servir à la subsistance de l'Homme. Il est donc très-nécessaire, non seulement d'être continuellement en garde contre ces Bêtes sauvages, mais encore de se réunir pour les détruire.

Hor. Je vois clairement à-présent que le Genre Humain peut subsister, & vivre encore assez longtems pour multiplier son espéce, & pour se rendre maîtres des Créatures qui pourroient lui faire la guerre. Je conviens de plus qu'il n'auroit presque pas été possible d'en venir à bout, si les Hommes ne s'étoient pas mutuellement secouru, pour s'opposer à la rage & à la furie des Bêtes féroces. D'où l'on peut conclure qu'il a pu arriver que la nécessité où ils se trouvèrent alors de s'unir & de se joindre ensemble, ait été le premier motif qui les ait portés à former une Société. Je veux

veux donc bien vous accorder que vous avez démontré la principale partie de votre assertion. Mais lorsque vous attribuez tous ces effets à la Providence, ou que vous dites qu'il n'arrive rien à cet égard sans la permission divine, il me paroît que vous avancez un sentiment incompatible avec l'idée d'un Etre infiniment bon & miséricordieux. Il se peut que dans tous les Animaux venimeux il y ait quelque chose d'utile à l'Homme. Je ne veux pas même vous disputer que les Serpens les plus dangereux par leur venin chaud, corrosif & violent, ne contiennent quelque autre excellent remède, qui n'ait point encore été découvert. Mais lorsque je considère cette variété infinie de Créatures rapaces & sanguinaires, qui non seulement nous surpassent en force, mais qui sont encore visiblement armées par la Nature, comme si elles devoient servir à notre destruction; lors, dis-je, que je fais ces réflexions, je ne saurois découvrir de quel usage elles sont, ni à quoi elles ont été destinées, si ce n'est pas pour nous punir. Je puis encore moins concevoir que la Sagesse Divine ait formé ces Créatures pour nous rendre sociables, ensorte que si elles n'avoient existé, il n'y auroit jamais eu de Société Humaine. Combien n'y a-t-il pas de milliers de notre espèce, qui ont été dévorés par ces Bêtes féroces dans les combats que les Hommes ont eu à soutenir contr'elles ?

CLEO. Dix troupes de Loups, composées chacune de cinquante, feroient dans un long Hiver un terrible ravage parmi un million de Créatures de notre espèce, si elles avoient toutes les mains liées derrière le dos. Cependant il est certain que parmi un nombre de Personnes la moitié moins grand, la Peste a fait périr plus d'Individus, que cinq-cens Loups n'auroient pu en manger dans le même espace de tems; quoique ceux qui étoient attaqués de cette maladie, fussent soignés par d'habiles Médecins, & qu'on donnât à ces Malades des remèdes approuvés. Notre vanité naturelle, le grand cas que nous faisons de notre espèce & de nous-mêmes, nous a persuadé que l'Univers entier avoit été principalement créé, pour notre usage. C'est ce préjugé si grossier, qui est la source de mille extravagances, & des notions les plus puériles & les plus basses que nous avons & de Dieu, & de ses Ouvrages. Il n'y a pas plus de cruauté dans un Loup qui mange de la Chair Humaine, que dans un Homme qui se nourrit d'Agneaux ou de Poulets. Nous ne pouvons déterminer ni le but, ni les diverses fins pour lesquelles les Bêtes féroces ont été formées. Tout ce que nous savons certainement, c'est que ces Animaux-là ont été créés ; & il est même presque aussi certain qu'il y en a eu qui ont

ont causé de grands ravages parmi les Nations qui étoient encore dans l'enfance, & qu'ils se sont opposés aux établissemens que les Humains vouloient former. Vous avez même paru si bien persuadé de cette vérité, que vous avez regardé la cruauté des Bêtes sauvages, comme un obstacle qui avoit dû nécessairement empêcher la conservation du Genre Humain. Pour répondre à cette difficulté que vous avez proposée, je vous ai montré par les différens instincts, & par les dispositions particulières des Animaux, que la Nature avoit manifestement pourvu à la conservation de notre espèce. C'est par ses tendres soins que, quoique nuds & sans défense, nous échappons à la rage furieuse des Bêtes les plus féroces. Nous avons reçu de sa main bienfaisante les moïens de nous conserver nous-mêmes, & de multiplier notre espèce, jusqu'à ce que par notre nombre, & par les armes que l'industrie nous a procurées, nous aïons pu mettre en fuite, ou détruire les Animaux sauvages dans tous les endroits du Globe Terrestre que nous sommes allés cultiver & habiter. Un Enfant s'apperçoit de la nécessité & des avantages que nous procure le Soleil; & l'on peut démontrer que sans ce corps céleste, il n'y auroit aucune des Créatures vivantes qui eût pu subsister sur la Terre. Le Soleil est pour le moins huit-cent-mille fois plus grand que la Terre.

Si donc il n'avoit d'autre usage que celui dont je viens de parler, la millième partie de cet Astre nous suffiroit, pourvu qu'à-proportion il fût plus près de nous. Cette seule considération me fait croire que le Soleil a été fait pour éclairer & échauffer d'autres Corps, outre cette Planète que nous habitons. Les fins du Feu & de l'Eau sont sans nombre, & les usages qu'on en tire sont infiniment différens les uns des autres. Quoique nous tirions de ces objets des avantages qui nous regardent uniquement nous-mêmes, il est cependant très-probable qu'il y a mille choses, peut-être même nos propres machines, qui, dans le vaste Système de l'Univers, servent actuellement à des fins très-sages, que nous ne découvrirons jamais. Quant au plan que le Créateur a suivi dans la formation de notre Globe, je veux parler du Système qu'il suit dans la conduite de cet Univers par rapport aux Créatures qui vivent sur la Terre, la destruction des Animaux est aussi nécessaire que leur génération.

Hor. C'est ce que j'ai appris dans LA FABLE DES ABEILLES. Je suis même persuadé que, comme vous le dites, si une espèce de Créatures étoit immortelle, elle détruiroit & engloutiroit avec le tems toutes les autres, quand même les Créatures immortelles seroient des Brebis, & que toutes les autres seroient des Lions. Mais je ne saurois me mettre dans l'esprit

prit, que l'Etre Suprême ait voulu introduire la Société, aux dépens de la vie d'un si grand nombre de Créatures Humaines, puisqu'il y avoit d'autres voies plus douces pour produire le même effet.

Cleo. Nous parlons de ce qui vraisemblablement est arrivé, & non de ce qui peut être arrivé. Le même Etre qui par sa puissance a créé les Baleines, auroit pu sans-contredit nous faire hauts de soixante & dix pieds, & nous donner des forces à proportion. Mais puisque le plan sur lequel ce Monde a été formé, veut, comme vous en convenez vous-même, que de chaque espèce il meure des Individus à-mesure qu'il en naît d'autres, pourquoi voudriez-vous voir bannis quelques-uns des moïens qui servent à causer la mort aux Créatures ?

Hor. N'y a-t-il pas assez de maladies, de Médecins & d'Apoticaires, ainsi que de Guerres par mer & par terre, pour emporter le superflu de notre espèce ?

Cleo. Ces différentes choses peuvent, je l'avoue, produire le même effet; mais il est incontestable que ces causes ne sont pas toujours suffisantes. On remarque que dans une Nation peuplée, la Guerre, les Bêtes féroces, les Exécutions, les Meurtres, & cent autres accidens de cette nature, ajoutez-y, si vous voulez, les Maladies avec toutes leurs suites, peuvent à-peine détruire ce que produit une de nos facultés invisibles, je veux parler de l'instinct que les Humains ont pour conserver leur espèce. Tout est également facile à la Divinité; mais, pour parler à la manière des Hommes, il est évident qu'en formant cette Terre, & toutes les choses qui y sont, il n'a fallu ni moins de sagesse, ni moins de soins pour trouver les diverses manières & les différens moïens de se délivrer des Animaux, & de les détruire, qu'il ne semble qu'on en a emploïé pour les produire. On peut aisément démontrer que nos Corps ont été faits tels, qu'ils ne sauroient subsister au-delà d'un certain tems: semblables en cela à des maisons qu'on bâtit à dessein de ne durer qu'un nombre d'années déterminé. C'est la Mort considérée en elle-même, que tous les Hommes sans exception abhorrent naturellement. Ils ne diffèrent que dans l'idée qu'ils ont de divers genres de mort; & je n'ai jamais ouï dire qu'il y en ait eu aucun, qui ait été généralement approuvé.

Hor. Cependant il faut convenir que personne n'en choisit un cruel. Quel supplice plus terrible, & en même tems plus douloureux, que celui d'être mis en pièces & d'être dévoré par une Bête féroce?

Cleo. Il est certain que ce genre de mort ne cause pas de peines plus aigues, que celles qu'endure une personne qui est tourmentée sans relâche de la goute dans l'estol'eſtomac, ou de la pierre dans la veſſie.

Hor. Comment pourriez-vous me prouver ce que vous avancez d'une manière ſi déciſive ?

Cleo. Notre propre conſtitution, & la ſtructure du Corps Humain, démontrent que nous ſommes incapables de ſoutenir des douleurs infinies. Dans cette vie les degrés de Peine & de Plaiſir ſont limités, & exactement proportionnés aux forces d'un chacun. Tout ce qui paſſe ces bornes, nous met hors de nous-mêmes ; & l'Infortuné, qui par la violence de la Torture eſt tombé en pamoiſon, ſait bien juſqu'à quel point il peut ſouffrir, ſi dumoins il ſe ſouvient des douleurs qu'il a reſſenties, lorſqu'il fut appliqué à la Queſtion. Les maux réels que les Bêtes féroces ont cauſés à notre eſpèce, ne ſont rien en comparaiſon de la manière barbare dont les Hommes ont ſouvent agi les uns à l'égard des autres. Jettez les yeux ſur ce vaillant Guerrier, qui aïant eu le malheur de perdre quelqu'un de ſes membres dans la bataille, eſt enſuite foulé aux pieds d'une vingtaine de chevaux. Dites-moi, je vous prie, ſi dans cette ſituation où il agoniſe durant pluſieurs heures, avec la plupart de ſes côtes rompues, & le crane enfoncé, il ſouffre moins que s'il avoit été déchiré par un Lion ?

Hor. Ces deux genres de mort ſont extrêmement douloureux.

Cleo. Le caprice de la Mode & de

la Coutume qui règne dans le siècle où nous vivons, détermine plus souvent notre choix, que la saine Raison ou l'Entendement. Si l'on meurt d'hydropisie, & qu'on soit ensuite rongé par les Vers, il n'y a rien de plus consolant dans ce genre de mort, que si l'on étoit jetté dans la mer, & que l'on servît de pâture aux Poissons. Cependant notre manière de penser, qui est extrêmement bornée, bouleverse notre raison, & corrompt là-dessus notre jugement. Sans cela, comment se pourroit-il que des Personnes reconnues pour être d'un discernement exquis, aimassent mieux pourrir & sentir mauvais dans un sépulcre dégoutant, que d'être mis sur un bucher, dressé en plein air, pour être réduits en cendres?

Hor. Je ne me fais aucune peine d'avouer que j'ai beaucoup d'aversion pour tout ce qui choque, & qui est contre la Nature.

Cleo. Je ne sai point ce que vous voulez dire *par ce qui choque & qui est contre la Nature.* Tout ce qu'il y a de certain, c'est que rien n'est plus commun dans la Nature, que de voir les Créatures se nourrir les unes des autres. C'est-là le cours ordinaire des choses. Le Système que suivent les Etres animés qui vivent sur la Terre, paroît être établi sur ce fondement. Il n'est point d'Animaux, du-moins que nous connoissions, qui ne se nourrissent des individus d'une autre espèce.

pèce. Quelquefois ils font servir à leur nourriture des Animaux vivans; d'autres fois ils dévorent ceux qui font déjà morts; & même la plupart des Poissons font obligés de se nourrir de Créatures de leur espèce. Ne vous imaginez pas cependant que cela soit une faute, ou une omission de la part de la Nature; puisqu'elle donne à ces Animaux aquatiques une vertu prolifique, qui leur fournit plus de nourriture, que cette même Nature n'en procure à aucune autre Créature.

Hor. Vous voulez parler de la prodigieuse quantité d'œufs, que les Poissons jettent ?

Cleo. C'est justement cela; & je dis de plus que ces œufs ne reçoivent leur fécondité, qu'après qu'ils ont été jettés. D'où il peut arriver que la Femelle peut avoir dans son ventre autant de frai qu'il en peut contenir, & que les œufs eux-mêmes peuvent être si bien serrés les uns contre les autres, qu'ils ne laisseront plus de place pour y introduire la semence du Mâle. Car si cela n'étoit pas, il seroit impossible qu'un Poisson multipliât aussi prodigieusement chaque année.

Hor. Mais le sperme, ou l'*aura seminalis* du Mâle, ne pourroit-il pas être assez subtil pour pénétrer tout le pelotton de ces œufs, & pour influer sur chacun d'eux sans tenir aucune place, comme cela

cela arrive dans les Oiseaux, & dans les autres Animaux ovipares ?

Cleo. Il faut d'abord en excepter l'Autruche. D'ailleurs il n'est point d'Animal ovipare, qui ait des œufs en plus grand nombre, & plus serrés les uns contre les autres, que le Poisson. Mais supposons que la vertu prolifique pût agir sur tout cet amas de frai, qu'en résulteroit-il ? C'est que si tous les œufs dont quelques Femelles de Poissons se trouvent remplies, venoient à être rendus féconds tandis que ces œufs sont encore dans leur ventre, il seroit impossible que l'*aura seminalis*, ou les parties les plus volatiles de la semence du Mâle, quand même elles ne tiendroient point de place, pussent, comme cela arrive dans les autres Créatures, dilater & enfler plus ou moins chaque œuf. Car la moindre dilatation qui arriveroit à un si grand nombre d'individus, augmenteroit le volume de tout le frai à un tel point, qu'il faudroit un beaucoup plus grand espace pour le contenir, que celui de la cavité où il se trouve renfermé. Peut-on rien voir de plus admirable, que la manière avec laquelle se conserve une Espèce, dont tous les individus ont un instinct qui les porte à se détruire les uns les autres ?

Hor. Ce que vous avez avancé des Poissons, n'est vrai tout au plus que par rapport à ceux que fournissent la plus

gran-

grande partie des Mers qui environnent l'*Europe* : Car dans les Eaux douces la plupart des Poissons ne se nourrissent point de leurs semblables; cependant ils y frayent de la même maniere, & ils sont aussi remplis d'œufs, que tous ceux qui vivent dans les Mers. Parmi nous, le Brochet est le seul destructeur de Poissons qui mérite d'être mentionné.

Cl.o. Aussi est-il si vorace, qu'on remarque que les Poissons ne peuvent pas multiplier dans les Viviers où l'on souffre qu'il y ait de ces destructeurs. Mais de plus, dans les Rivières, & dans toutes les Eaux voisines de la Terre, on trouve plusieurs sortes d'Oiseaux amphibies, dont la nourriture ordinaire est le Poisson; & il y a même bien des endroits qui fourmillent de ces Oiseaux aquatiques. Outre ces Animaux il y a encore les Loutres, les Bièvres, & plusieurs autres espèces de créatures qui vivent de Poissons. Le Héron & le Butor en prennent aussi leur part dans les Ruisseaux, & dans les Eaux peu profondes. Ce qu'ils en enlèvent, est peut-être peu de chose; mais le fretin & le frai qu'une Couple de Cignes peut manger dans une année, suffiroient de reste pour peupler une Rivière considérable. Toujours est-il sûr que les Poissons sont mangés, il n'importe par qui, que ce soit par leur propre espèce, ou par une autre. Je voulois vous prouver par-là, que la Nature ne produit aucu-

ne

ne Espèce, dont les individus seroient bientôt en trop grand nombre, qu'elle n'ait en même tems trouvé les moïens nécessaires pour les détruire. La variété d'Insectes qu'il y a dans les différentes parties du Monde, paroîtroit incroïable à celui qui n'auroit point étudié cette matière; & l'on remarque des beautés infinies dans ces sortes d'Animaux. Mais ni leur beauté ni leur diversité ne sont pas plus surprenantes, que la multiplicité des moïens que la Nature a mis en usage pour les faire périr. Si les Animaux destinés à la destruction des Insectes cessoient tous à la fois de remplir leur destination, s'ils n'avoient plus cette vigilance qu'ils font paroître pour les détruire, il ne leur faudroit pas plus de deux ans pour être les maîtres absolus de la plus grande partie de la Terre que nous habitons. Bientôt plusieurs vastes païs n'auroient point d'autres habitans.

Hor. J'ai ouï dire que les Baleines ne vivoient d'autre chose. Si cela est, elles doivent consumer une terrible quantité d'Insectes.

Cleo. C'est-là l'opinion commune. Je crois que ce qui y a donné lieu, c'est qu'on ne trouve jamais de poissons dans ces Animaux, & que dans les Mers qu'ils habitent, il y a d'innombrables multitudes d'Insectes, qui couvrent presque toute la surface de l'eau. Cette Créature sert encore beaucoup à confirmer la vérité que j'ai avancée; c'est que la Nature, en produisant les Individus de chaque Espèce, a en même tems donné une attention particulière sur les moïens qui devoient servir à leur destruction. Car elle a entièrement changé, à l'égard de cet Animal énorme, l'économie qu'elle observe dans tous les autres Poissons, parce qu'il est trop gros pour être englouti. Ainsi les Baleines sont des Animaux vivipares, qui par-là même qu'ils engendrent de la même manière que les Bêtes terrestres à quatre pieds, n'ont jamais plus de deux ou de trois Petits à la fois. Pour que chaque Espèce continuât à exister parmi un aussi grand nombre de Créatures différentes qu'il y en a sur cette Terre, il étoit absolument nécessaire que la Nature eût du-moins autant de soin pour les détruire, qu'elle en avoit pris pour les multiplier. D'où il faut inférer qu'elle a été visiblement plus attentive à trouver les moïens qui pouvoient servir à leur destruction, & à leur consomption, qu'elle ne l'a été à trouver ceux qui devoient servir à leur entretien, & à la conservation de leur vie.

Hor. Aïez, je vous prie, la bonté de prouver ce que vous venez d'avancer.

Cleo. Il meurt des millions de Créatures chaque année, qui sont même condamnées à périr, parce qu'elles manquent de nourriture. Mais quelque grand que soit le nombre de celles qui meurent, il en en reste toujours assez pour les dévorer. La Nature leur ouvre tous ses trésors, il n'est rien de trop exquis pour les Animaux, elle ne leur refuse aucun aliment de leur goût. Il n'y a rien qui lui paroisse trop bon pour la plus vile de ses productions. Toutes les Créatures ont également droit à ce qui les accommode. Sa bonté agit avec elles sans impartialité. Combien n'est pas curieux l'art qu'on remarque dans la structure d'une simple Mouche! Quelle n'est pas la célérité de ses ailes, & la vitesse de tous les mouvemens que cet Animal exécute un beau jour d'Eté! Si un *Pythagoricien*, fort versé dans les Méchaniques, examinoit, à l'aide d'un Microscope, toutes les petites parties de cette Créature volage, & qu'il considérât attentivement leur usage, ne regarderoit-il pas comme un grand dommage, que des milliers d'Etres animés, aussi artistement construits, & aussi admirablement finis, fussent exposés tous les jours à être dévorés par de petits Oiseaux, & par des Araignées, qui nous sont si peu nécessaires? Ne croïez-vous pas vous-même, que les choses en seroient tout aussi-bien allées, quand même il y auroit eu moins de Mouches, & que l'on n'auroit jamais vu d'Araignées?

Hor. Je me souviens de la *Fable du Glan & de la Citrouille* *. Ainsi je me garderai

―――――――
LA FONTAINE, Liv. III. Fab. IV.

derai bien de vous répondre fur ce point-là.

Cleo. Cependant vous trouvez encore défectueux les moïens que j'ai fuppofé que la Providence avoit mis en ufage pour engager les Hommes à vivre en Société; je veux parler du danger commun auquel ils ont été expofés de la part des Bêtes féroces, lors même que vous avez avoué qu'il étoit vraifemblable que ç'auroit été-là le prémier motif qui avoit porté le Genre Humain à s'unir.

Hor. Je ne faurois croire que la Providence n'ait pas eu plus d'égard pour notre efpèce, qu'elle n'en a eu pour les Mouches, & pour le frai des Poiffons. Je ne puis me perfuader que la Nature ait jamais voulu fe jouer du deftin des Créatures Humaines, comme de la vie des Infectes, & qu'elle ait eu deffein de prodiguer auffi inutilement les Hommes que les Bêtes. Mais vous qui êtes un fi zélé Défenfeur du Chriftianifme, comment pourriez-vous, je vous prie, concilier tout cela avec la Religion?

Cleo. Mon opinion n'a rien qui intéreffe la Religion. La fource de nos préventions à cet égard, vient de ce que nous fommes fi remplis de nous-mêmes, & de l'excellence de notre efpèce, que nous ne nous donnons pas feulement le loifir de confidérer attentivement le Syftême fuivant lequel cette Terre eft formée; je veux parler du plan fur lequel

Tome IV. G tou-

toute l'économie de notre Globe est bâtie, par rapport aux Créatures qui vivent dans la Terre & sur la Terre.

Hor. Ce que j'ai dit ne regarde point notre espèce, mais uniquement la Divinité. Comment pouvez-vous dire que la Religion n'ait rien à faire ici, dans le tems que vous faites Dieu auteur d'un si grand nombre de cruautés, & que vous lui attribuez une malice aussi noire?

Cleo. Il est impossible que ce que vous avez dit, ne regarde pas notre espèce; puisque les expressions que vous avez emploïées ne peuvent offrir d'autres idées, que l'intention que le Créateur a eu en formant les choses, ou les sentimens que les Créatures Humaines en ont. Rien ne peut être cruel ou malicieux par rapport à celui qui commet une action, à moins qu'en le faisant il n'ait eu le but & le dessein d'en faire une de cette nature. En effet toutes les actions, considérées en elles-mêmes & abstractivement, sont également indifférentes; & quelles qu'elles puissent être à l'égard des Individus, il est certain que la mort n'est pas un plus grand mal pour cette Terre, ou pour l'Univers en général, que la naissance ne peut l'être.

Hor. Vous faites ainsi de la première Cause un Etre destitué d'intelligence.

Cleo. Pourquoi cela, je vous prie? Ne pouvez-vous pas concevoir un Etre intelligent, & même très-sage, qui non
seule-

seulement soit exempt de toute cruauté & de toute malice, mais qui encore soit incapable d'avoir des pensées de cette nature?

Hor. Un tel Etre n'ordonneroit, ni ne commettroit rien qui marquât de la malice ou de la cruauté.

Cleo. Aussi Dieu ne fait rien de semblable. Mais, si nous n'y prenons garde, ceci va nous entraîner dans une dispute qui roulera sur l'Origine du Mal. D'où nous viendrons infailliblement à parler du Libre-Arbitre, qui, comme je vous l'ai déjà dit, est un mystère inexplicable, & sur lequel j'ai résolu de garder un profond silence. Mais je n'ai jamais rien dit, ni pensé, qui fût indigne de la Divinité. Bien loin de-là, j'ai des idées aussi sublimes de l'Etre Suprême, que mon esprit peut s'en former de ce qui est incompréhensible. Et je croirois plutôt qu'il cesseroit d'exister, que je ne penserois qu'il fût l'auteur de quelques Maux réels. Vous me feriez cependant plaisir, si vous m'appreniez la méthode qui, à votre avis, auroit été la meilleure pour introduire la Société. Faites-moi connoître, je vous prie, cette voie plus douce dont vous avez parlé.

Hor. Vous m'avez pleinement convaincu que l'amour naturel que nous prétendons avoir pour notre espèce, n'est pas plus grand que celui qu'on remarque dans plusieurs autres Animaux pour leurs semblables. Mais si la Nature nous avoit réellement donné une affection réciproque, qui fût aussi sincère & aussi sensible que celle que les Pères & les Mères ont visiblement pour leurs Enfans, tandis qu'ils ne peuvent pas encore s'aider eux-mêmes, il est certain que les Hommes seroient déterminés par choix à se réunir pour composer une Société. Rien n'auroit pu s'opposer à leur union, soit qu'ils eussent été en petit ou en grand nombre, soit qu'ils eussent été ignorans ou savans.

Cleo. *O mentes hominum cæcas ? o pectora cæca !*

Hor. Vous ferez autant d'exclamations qu'il vous plaîra ; je suis cependant persuadé que le motif dont je parle, auroit été beaucoup plus efficace pour former leur union, que ne l'auroit pu être aucun danger commun de la part des Bêtes féroces. Mais que trouvez-vous à reprendre dans ce Système, & quel inconvénient peut-il résulter de l'affection mutuelle que je suppose ?

Cleo. Ce que j'y trouve de défectueux ? Il me paroît incompatible avec le plan que la Providence a visiblement trouvé à-propos de suivre dans l'arrangement & dans la disposition des choses qu'on apperçoit dans l'Univers. Si les Hommes avoient une telle affection, & qu'ils l'eussent par instinct, jamais il ne se seroit élevé parmi eux ni de ces fatales divisions, ni de ces
hai-

haines mortelles, qui ont si souvent troublé les Sociétés. On n'auroit jamais vu ces actes affreux de cruauté qui ont inondé cette Terre. En un mot, jamais on n'auroit vu les Créatures Humaines faire périr, par malice, & par de longues guerres, un grand nombre d'Individus de leur espèce.

Hor. Vous êtes un plaisant Médecin d'Etat, de prescrire la guerre, la cruauté & la malice, pour procurer la prospérité & la conservation de la Société Civile.

Cleo. Ne m'attribuez pas, je vous prie, des idées que je n'ai point. Je n'ai jamais eu en vue de pareils remèdes. Mais si vous êtes persuadé que le Monde est constamment gouverné par la Providence, vous devez aussi croire que la Divinité emploie les moïens dont elle a besoin pour exécuter ce qu'elle veut & ce qu'il lui plaît. Par exemple, pour qu'une guerre s'allume, il faut auparavant qu'il s'élève des mesintelligences & des disputes entre les Sujets des diverses Nations, ainsi que des dissentions parmi les Princes respectifs, les Conducteurs, ou les Gouverneurs des Peuples. Il est évident que l'Esprit Humain est, pour ainsi dire, le lieu où se fabriquent ces sortes de moïens. D'où je conclus, que si la Providence avoit disposé les choses suivant cette voie douce, qui à votre avis auroit été la meilleure, il y auroit eu très-peu de sang humain répandu, pour ne rien dire de plus.

Hor. Je ne vois pas qu'il en fût résulté aucun inconvénient.

Cleo. Mais si cela étoit, on ne verroit pas cette variété de Créatures animées qu'il y a aujourd'hui dans le Monde. Que dis-je! la Terre même auroit été trop petite pour contenir tous les Hommes, & les diverses choses qui seroient nécessaires pour leur subsistance. S'il n'y avoit point eu de guerre, & que jusques à présent le cours ordinaire de la Providence n'eût pas été aussi souvent interrompu qu'il l'a été, il est certain que notre Espèce auroit seule surchargé le Globe Terrestre. Ne puis-je donc pas dire avec justice, que cette voie plus douce que vous approuvez, est tout-à-fait contraire au Système que le Créateur a suivi pour former cette Terre, & qu'elle tend même à le renverser? C'est-là une considération à laquelle vous ne donnez point assez d'attention. Déjà je vous ai fait souvenir une fois, que vous étiez vous-même convenu que la destruction des Animaux étoit aussi nécessaire que leur génération. On remarque autant de sagesse dans les moïens qui servent à faire périr & à détruire cette multitude d'Animaux, pour faire place à ceux qui leur succèdent continuellement, que l'on en trouve à faire que toutes ces différentes sortes d'Ad'Animaux conservent chacune leur propre espèce. Quel est, à votre avis, la raison pourquoi il n'y a qu'un seul chemin pour venir au monde?

Hor. Parce que celui-là seul suffit.

Cleo. Donc, par parité de raison, nous devons croire que puisqu'il y a plusieurs chemins pour sortir de ce monde, un seul ne seroit pas suffisant. D'ailleurs, si la conservation & l'entretien de ce grand nombre de Créatures qui existent actuellement, demandent aussi nécessairement la mort de ces mêmes Créatures que leur naissance, pourquoi retranchez-vous les moïens qui servent à terminer la vie? pourquoi surtout fermez-vous entièrement une des plus grandes portes de la mort, par où nous voïons passer une grande multitude d'Animaux? N'est-ce pas là s'opposer au Systême que le Créateur a suivi en formant cette Terre? Que dis-je! Est-ce que vous ne le renversez pas autant, que si vous vouliez blâmer la génération? S'il n'y avoit jamais eu de guerres, ni d'autres causes de la mort, que celles qui sont suivant le cours naturel des choses, il est certain que cette Terre n'auroit point produit, ou que du-moins elle n'auroit pas seulement pu fournir à l'entretien de la dixième partie des Créatures qui y auroient été. Je prens le mot de guerres dans un sens très-étendu; je n'entens pas seulement par-là ces querelles qui s'élevant entre les différentes

Nations, se vuident par la force & par les armes ; mais encore celles qui s'élevant entre les Sujets d'un même Etat, se terminent aussi par des voies violentes, comme le sont les massacres généraux, les meurtres particuliers commis à l'aide du poison ou du fer, & enfin tous les actes d'hostilité que les Hommes, malgré l'amour qu'ils prétendent avoir pour leur espèce, ont exercé dans tous les païs du Monde, en attentant à la vie les uns des autres, depuis que *Caïn* tua son Frère *Abel* jusqu'à présent.

Hor. Je ne crois pas que l'Histoire contienne la quatrième partie des desastres de cette nature qui sont arrivés dans le Monde ; mais ce qu'elle nous apprend, suffit pour nous faire voir qu'il est péri un nombre prodigieux d'Hommes ; j'ose même dire qu'il est beaucoup plus grand, qu'il n'y en a jamais eu en même tems sur cette Terre. Mais quelles conséquences prétendriez-vous en tirer ? Ces Hommes n'auroient pas été immortels ; & s'ils n'avoient pas été tués à la guerre, ils n'auroient pas tardé à mourir de mort naturelle. Il seroit extraordinaire qu'un Homme de soixante ans, qui est tué d'un coup de feu dans une bataille, eût vécu quatre ans de plus s'il fût resté tranquilement chez lui.

Cleo. Quoiqu'il y ait peut-être, dans toutes les armées, plusieurs Soldats âgés
de

de soixante ans, on ne sauroit cependant disconvenir que le plus grand nombre de ceux qui vont à la guerre, ne soient de jeunes gens: car, si dans un combat on vient à perdre quatre ou cinq mille hommes, on trouvera que la plupart des morts étoient au dessous de vingt-cinq ans. Considérez à-présent, je vous prie, que plusieurs personnes ne se marient qu'après avoir atteint cet âge, & que malgré cela ils ne laissent pas encore d'avoir dix ou douze enfans.

Hor. Si tous ceux qui meurent de mort violente, devoient avoir une douzaine d'enfans, avant que de mourir ——

Cleo. Cela n'est pas nécessaire. Je ne suppose rien qui soit absurde, ou contre la vraisemblance. Tout ce que je veux dire par-là, c'est que si tous ceux qu'on a assassiné de propos délibéré avoient vécu, ils auroient couru les mêmes hazards que le reste du Genre Humain. Il leur seroit arrivé tout ce qui est arrivé à ceux qui n'ont pas été tués de la même manière. Leur Postérité auroit subi un pareil sort. Tous enfin se seroient servi de Médecins & d'Apoticaires. Ils auroient été sujets aux infirmités, aux maladies, & à tous les autres accidens qui abrègent la vie des autres Hommes, si l'on en excepte seulement la guerre, & les autres moïens violens dont ils se servent pour se détruire les uns les autres.

Hor. Mais si la Terre avoit été trop

peuplée, est-ce que la Providence n'auroit pas pu envoïer plus souvent des Pestes, & d'autres fléaux? D'ailleurs il n'auroit pas été impossible que la Mort enlevât dès le berceau un plus grand nombre d'Enfans, ou qu'il se fût trouvé une plus grande quantité de Femmes stériles.

CLEO. J'ignore si la voie douce que vous proposez, auroit généralement mieux convenu; mais ce qu'il y a de certain, c'est que vous vous formez de la Divinité des notions qui lui sont injurieuses. Il est vrai que les Hommes pouvoient apporter en naissant l'instinct dont vous parlez: mais si tel avoit été le bon plaisir du Créateur, il y auroit eu dans le Monde une économie toute différente, & depuis le commencement les choses terrestres auroient été disposées d'une toute autre manière qu'elles ne le sont aujourd'hui. Il n'y a qu'une Sagesse finie & bornée qui forme un Systême qu'elle est obligée de corriger ensuite, lorsqu'il s'y trouve quelque chose de défectueux. Il n'appartient qu'à la seule Prudence Humaine de réparer les fautes qu'elle a faites. Les Hommes corrigent & redressent ce qu'ils n'avoient pas bien exécuté d'abord; & ce n'est que par l'expérience qu'ils apprennent les changemens qu'ils doivent apporter à leurs mesures mal-concertées. Il n'en est pas de même de la Sagesse infinie. Dieu est revêtu de toute éternité d'une connoissance parfaite. Il n'est sujet

jet ni aux erreurs, ni aux méprises. Aussi tous les Ouvrages de la Divinité sont universellement bons, & elle n'a rien fait qui ne soit comme elle le vouloit. Ses Loix sont fermes & stables, & ses Conseils sont éternels. D'où il suit que ses Résolutions sont immuables, & ses Decrets éternels. Il n'y a pas encore un quart-d'heure que vous avez nommé la Guerre, comme un des moïens nécessaires pour enlever le superflu de notre espèce. Comment se peut-il donc que vous veniez maintenant à croire que ce fléau est inutile ? Je puis vous faire voir que la Nature, dans la production de notre espèce, a amplement pourvu aux dégats que la Guerre pouvoit occasionner parmi nous. Ses tendres soins à cet égard ne sont pas moins sensibles, que ceux qu'elle a pris pour suppléer à la grande consomtion de Poissons qui se fait, en servant de pâture les uns aux autres.

Hor. Comment cela, je vous prie?

Cleo. C'est qu'il nait toujours plus de Garçons que de Filles. Vous m'accorderez sans peine que notre sexe exécute tous les travaux pénibles, & qu'il essuïe tous les périls que l'on court sur mer & sur terre. D'où il suit qu'il doit nécessairement périr un beaucoup plus grand nombre d'Hommes que de Femmes. Si donc nous remarquons, comme cela est effectivement, que parmi le nombre des

En-

Enfans qui naiſſent annuellement, il y a conſtamment plus de Garçons que de Filles, n'eſt-il pas manifeſte que la Nature a pourvu à cette grande multitude de Mâles qui, dans les Nations conſidérables, ſeroient & ſuperflus & d'une dangereuſe conſéquence, s'il n'y avoit rien pour les détruire ?

HOR. C'eſt un fait bien ſurprenant, qu'il naiſſe toujours plus de Garçons que de Filles. Je me ſouviens de la liſte qu'on a publiée il y a quelque tems; elle avoit été tirée des Extraits, tant baptiſtaires que mortuaires, de la Ville & des Fauxbourgs.

CLEO. On a obſervé pendant quatrevingts ans, qu'il étoit conſtamment né beaucoup plus de Garçons que de Filles; & il s'eſt même quelquefois trouvé que le nombre de Mâles l'emportoit de pluſieurs centaines ſur celui des Femelles. Cette proviſion que la Nature a faite de notre ſexe pour réparer les pertes qu'il eſſuïe dans les Guerres, & dans les Voïages par mer, eſt même encore plus grande qu'on ne pourroit ſe l'imaginer. En effet, conſidérez *prémièrement* que les Femmes ſont ſujettes à preſque toutes les maladies dont les Hommes peuvent être attaqués; & *en ſecond lieu* que nous n'avons rien à craindre de pluſieurs incommodités, & de divers accidens qui emportent un très-grand nombre de perſonnes du Beau Sexe.

HOR.

Hor. On ne sauroit regarder cela comme l'effet du hazard ; mais il détruit l'injuste conséquence que vous avez tirée du Système de l'Affection, en cas qu'il n'y eut point de guerre. Car la crainte où vous étiez que notre Espèce ne devînt trop nombreuse, est entièrement fondée sur cette supposition ; c'est que ceux qui périroient à la guerre, n'auroient pas manqué de Femmes, s'ils eussent vécu. Cependant cette supériorité dans le nombre des Garçons, prouve évidemment qu'ils n'auroient pû trouver tous des compagnes.

Cleo. Votre remarque est très-juste ; mais je me proposois surtout de vous montrer, combien le changement que vous proposiez, auroit peu convenu à tous égards avec le reste du Système suivant lequel les choses sont aujourd'hui manifestement gouvernées. Car si la Nature eût rendu les Individus du Beau Sexe plus nombreux que ceux du nôtre, & que dans la production de notre espèce, elle eût exactement réparé la perte des Femmes qui meurent d'accidens auxquels les Hommes ne sont point sujets, il est certain qu'alors il y auroit eu assez de compagnes pour tous ceux qui n'aïant pas été détruits par leurs semblables, auroient vécu plus long-tems. D'où il suit que sans guerre la Terre, comme je l'ai dit, auroit été surchargée : ou bien supposé que la Nature ait toujours été la même qu'elqu'elle eſt aujourd'hui, c'eſt-à-dire, qu'il ſoit né conſtamment plus de Garçons que de Filles, & que les maladies aïent emporté un beaucoup plus grand nombre de Femmes que d'Hommes, dans ce cas il eſt évident que s'il n'y avoit point de guerre, il y auroit toujours dans le monde trop de perſonnes de notre ſexe; & que la diſproportion qu'il y auroit entre le nombre des Mâles & celui des Femelles, cauſeroit une infinité de maux qui ſont aujourd'hui uniquement prévenus par le peu de cas que les Hommes font naturellement des individus de leur eſpèce, & par les diſſentions qui s'élèvent parmi eux.

Hor. Tout le mal qui en ſeroit arrivé, c'eſt que le nombre des Hommes qui meurent dans le célibat, auroit été plus grand qu'il ne l'eſt aujourd'hui ; mais il eſt fort problématique ſi cela ſeroit un mal réel.

Cleo. Ne croïez-vous pas que le trop peu de Femmes, & le trop grand nombre d'Hommes qu'il y auroit toujours, exciteroient de funeſtes querelles dans toutes les Sociétés, quelle que pût être l'affection que les individus de notre eſpèce auroient les uns pour les autres ? D'ailleurs n'eſt-il pas certain que cette rareté du Beau Sexe en rehauſſeroit tellement la valeur & le prix, que perſonne ne pourroit ſe procurer de compagnes, hormis ceux qui ſeroient aſſez bien à leur aiſe. Cela ſeul

seul suffiroit pour changer toute l'économie de l'Univers. Le Genre Humain ne connoîtroit absolument point la source intarissable & si nécessaire, qui fournit toujours à toutes les Nations où l'esclavage est aboli, des Ouvriers qui se vouent volontairement aux occupations basses & pénibles ; je veux parler des Enfans du Pauvre, qui procurent à la Société le plus grand & le plus général de tous les biens temporels, d'où dépendent nécessairement, dans l'état civilisé, toutes les douceurs de la vie. Il y a bien d'autres choses qui prouvent manifestement que cette affection naturelle, que vous supposez que l'Homme a pour son espèce, auroit été absolument incompatible avec le Système que le Créateur a suivi dans la formation de cette Terre. Le Monde auroit été privé de toute l'industrie qui est produite par l'Envie & par l'Emulation. Il n'y auroit point eu de Peuple qui eût voulu fleurir & s'agrandir aux dépens de ses Voisins, & qui eût souhaité, ou seulement souffert de passer pour une Nation formidable. Tous les Hommes se seroient appliqués à applanir les difficultés, ainsi on n'auroit pas eu besoin de Gouvernement. Les intrigues & les tumultes auroient été bannis de la Terre. Jettez les yeux sur les Héros les plus célèbres de l'Antiquité, & sur leurs exploits les plus fameux ; faites attention à tous les objets que le Beau Monde a

exalté

exalté & admiré dans les siècles passés ; & je vous demande, s'il falloit ramener ces mêmes travaux, rappeller ces mêmes circonstances & ces mêmes occupations, quels seroient, à votre avis, les moïens les plus propres pour cela ? Qu'est-ce que la Nature devroit faire pour en venir à bout ? De quelle qualité naturelle aurions-nous besoin ? Seroit-ce de cet instinct, de cette affection réelle qui, suivant vous, exclud toute ambition, & tout amour de la gloire; ou bien de ces principes certains de vanité & d'intérêt, qui agissant sous le prétexte de cette affection, en prennent si bien la forme ? Considérez, je vous en conjure, qu'il n'y a personne qui, s'il étoit conduit par cet instinct dont vous êtes si amoureux, demandât jamais qu'on lui fît ce qu'il ne voudroit pas faire pour les autres. Or si une fois ce principe desintéressé étoit universellement pratiqué, on verroit changer entièrement toute la scène de la Société, tout ce qu'on y remarque aujourd'hui disparoîtroit. Cet instinct pourroit fort bien être d'usage dans un autre Monde, où l'on auroit suivi un Système tout-à-fait différent. A la place de la légèreté, & de l'amour excessif pour le changement & pour la nouveauté, on y verroit règner une constance universelle, que la sérénité d'un esprit content de son sort conserveroit parmi des Créatures qui auroient des appétits différens des nôtres.

La

La frugalité seroit exempte d'avarice, & la générosité de vanité. Dans cette vie les Hommes ne seroient pas moins actifs, & ne paroîtroient pas se donner moins de mouvemens pour parvenir à la félicité future, que nous nous en donnons aujourd'hui pour jouïr du présent siècle. Mais si dans le Monde que nous habitons, vous examinez les différens chemins qui conduisent à la Grandeur Mondaine, & tous les ressorts que l'on fait jouer pour se mettre en possession du bonheur temporel, vous trouverez que l'instinct, dont vous parlez, auroit dû, s'il étoit réel, avoir nécessairement empêché la pompe & la gloire qui ont accompagné les Sociétés Humaines, & avoir détruit les principes qui, à l'aide de la sagesse mondaine, servent à élever les Nations de la Terre.

Hor. J'abandonne mon Système favori. Vous m'avez convaincu que si tous les Hommes avoient été naturellement humbles, bons & vertueux, il n'y auroit eu dans le Monde ni tumultes, ni intrigues, ni cette variété, ni enfin cette beauté qu'on y remarque aujourd'hui. Je crois que toutes les guerres, & toutes les maladies sont des moïens naturels pour empêcher la trop grande multiplication du Genre Humain. Soit, je vous accorde tout cela; mais je ne saurois m'imaginer que les Bêtes féroces aient été destinées à détruire les individus de notre espèce; car elles ne peuvent servir à ce but, que lors-

lorsque le nombre déjà trop petit des Hommes, doit plutôt être augmenté que diminué. D'ailleurs, si elles avoient été faites à ce dessein, elles ne pourroient pas répondre à leur destination, dans le tems que les Humains sont assez forts pour s'opposer à la rage & à la furie de ces Animaux.

Cléo. Je n'ai jamais dit que les Bêtes féroces fussent destinées à diminuer le nombre des individus de notre espèce. J'ai seulement prouvé que plusieurs choses avoient été faites pour servir à un grand nombre de buts différens; que dans le Système qui règne sur cette Terre, il y a plusieurs objets qui ne regardent en aucune manière l'Homme ; & par conséquent qu'il est ridicule de croire que l'Univers a été créé pour l'amour de nous. J'ai soutenu de plus, que puisque nous tirions toutes nos connoissances *à posteriori*, il étoit dangereux de raisonner sur d'autres principes que sur les faits. Qu'il y ait des Sauvages & des Bêtes féroces, c'est un fait avéré ; & il n'est pas moins certain, que dans le tems que les Mortels étoient en petit nombre ; les Animaux sauvages les ont constamment inquietés, & souvent maltraités. Lors donc que je réfléchis sur les passions que tous les Hommes apportent en naissant, & sur leur incapacité tandis qu'ils ne sont point civilisés, je ne puis trouver aucune autre cause, ni aucun autre motif, qui vraisemblablement ait été plus propre, & plus efficace pour les engager à se réunir, & pour leur faire épouser le même parti, que ce danger de la part des Bêtes féroces, qui devoit nécessairement leur être commun dans tous les païs incultes ; tandis surtout qu'ils ne composoient que de petites Familles, qui pourvoïoient à leurs propres affaires, sans que les Individus fussent assujettis à aucun Gouvernement, ni qu'il y eût aucune dépendance entr'eux. Je suis persuadé que ce prémier pas à la Société est un effet, que cette même cause, ce danger commun, dont j'ai si souvent fait mention, produira toujours sur les individus de notre espèce, dès-que nous serons placés dans de semblables circonstances. Je ne déterminerai point, comme je vous l'ai déjà dit, quelles sont les autres fins pour lesquelles les Bêtes féroces ont été formées.

HOR. Quelles que soient les autres fins pour lesquelles les Bêtes féroces ont été formées, il suit cependant de votre opinion, que la résolution prise par les Sauvages de s'unir pour leur défense commune, doit avoir été une des fins de la férocité que l'on remarque dans les Animaux sauvages. Or ce but me paroît absolument contraire à toutes les idées que nous avons de la Bonté Divine.

CLEO. Tout ce que nous appellons Mal naturel, vous paroîtra tel, dès-que vous attribuérez à la Divinité des passions humaines, & que vous mesurerez la sagesse infinie à notre entendement foible. Déjà deux fois vous m'avez fait cette même difficulté, je croïois cependant l'avoir résolue. Je n'ai pas moins d'éloignement que vous à faire Dieu Auteur du Mal; mais je suis bien persuadé d'un autre côté, que par rapport à l'Etre Suprême il n'arrive rien par hazard. Si donc vous êtes convaincu qu'il y a une Providence qui gouverne le Monde, vous devez croire que tous les maux que les Hommes ou les Bêtes peuvent nous faire, la guerre, la peste, & les autres maladies, de quelque nature qu'elles soient, sont soumis à une Sagesse impénétrable qui dirige tout ce qui arrive dans l'Univers. Tout effet suppose une cause; & par conséquent, si l'on dit qu'il arrive quelque chose par hazard, ce ne peut être que relativement à un Etre qui en ignore la cause. Quelques exemples sensibles & familiers mettront cette réflexion dans tout son jour. Un Homme qui n'entendant absolument point le Jeu de paume, y voit jouer pour la première fois, s'imagine que les sauts & les bonds que fait la balle, sont de purs effets du hazard. Comme il n'est point au fait des différentes directions qu'elle recevra avant que de tomber à terre, il regardera comme un effet du hazard la nouvelle direction que lui aura donné l'endroit contre lequel elle aura d'abord été poussée. Il ne doutera point que ce

ne

ne soit un pur hazard, si elle tombe dans un endroit plutôt que dans un autre. Mais un Joueur expert, qui connoit parfaitement bien la route que tiendra la balle, s'en va droit à la place, si même il n'y est déjà, où il est assuré d'être à portée de la repousser. Il n'est rien qui semble plus dépendre du hazard, qu'un coup de Dez. Cependant les Dez mêmes obéissent aux loix de la pesanteur & du mouvement en général, tout comme les autres corps ; & en conséquence des déterminations qu'on leur a données, il est impossible qu'ils tombent autrement qu'ils ont fait. Mais comme l'on ignore totalement les différentes directions que reçoivent les Dez pendant toute la durée du coup, & qu'on ne peut les suivre des yeux dans toutes leurs situations, à cause de la rapidité avec laquelle tout cela se fait, il est certain qu'un coup de Dez est un mystère pour l'entendement humain, si du-moins l'on joue avec des Dez non pipés. Qu'on donne à-présent à deux Cubes, haut chacun de dix pieds, les mêmes directions que les deux Dez en reçoivent du cornet du Joueur, de la table sur laquelle on les jette, & des coups qu'ils se donnent l'un à l'autre depuis qu'on les a mis dans le cornet jusqu'à ce qu'ils se soient arrêtés sur la table, il en résultera qu'on aura les mêmes points ; & si la quantité de mouvement, & la force que l'on donne au cornet & aux Dez é-

toient

toient exactement connues; & qu'au lieu de faire durer le coup de Dez trois ou quatre *minutes*, *secondes*, on y emploïât une *heure*, les Hommes pourroient facilement trouver la raison de chaque coup de Dez, & apprendre à prédire avec certitude sur quel point le Cube doit s'arrêter. Il est donc évident que les mots de *fortuit*, de *casuel* & de *hazard* n'ont d'autre signification, que celle qui est fondée sur notre ignorance, & sur notre manque de prévoïance & de pénétration. Cette réflexion peut nous montrer qu'il y a une différence infinie entre nos lumières & l'*intuïtion* universelle de l'Etre Suprême, qui voit en même tems toutes choses sans exception, soit qu'elles nous soient visibles ou invisibles, soit qu'elles soient passées, présentes, ou à venir.

HOR. Je me rends. Vous avez levé toutes les difficultés que j'avois formées contre votre Système. J'avoue que votre supposition sur le prémier motif qui engagea des Sauvages à se réunir pour composer une Société, n'est contraire ni au bon-sens, ni à aucune des idées que nous devons avoir de la Divinité. Il y a plus, c'est qu'en résolvant mes objections, vous m'avez montré que votre conjecture étoit très-probable, & que la Providence a manifesté une sagesse & un pouvoir sans bornes dans l'invention & dans l'exécution du Système qu'elle a suivi en formant cette Terre. Que dis-je! Vous
m'avez

m'avez même fait sentir tout cela d'une manière plus claire & plus palpable, que je n'ai senti aucune autre vérité dont j'aïe jamais ouï parler.

Cleo. Quoique je sois charmé de vous avoir satisfait, je suis cependant fort éloigné de me croire autant de mérite, que vous voulez me l'insinuer par ce compliment poli.

Hor. Pour moi je vois à-présent clairement, que puisqu'il est ordonné à tous les Hommes de mourir, il faut nécessairement des moïens pour venir à bout de ce dessein. Or du nombre de ces moïens, ou de ces causes de la mort, il est impossible d'en exclure ni la malice des Humains, ni la rage des Bêtes féroces, ni la furie d'aucun des autres Animaux nuisibles. Enfin il me paroît incontestable que quand même ces Animaux auroient réellement été destinés à cela par la Nature, nous ne serions pas plus fondé à nous en plaindre, que nous ne le sommes à blâmer la mort elle même, ou à condamner le grand nombre de maladies terribles, qui, à toute heure & à tout moment, couchent les Mortels dans le tombeau.

Cleo. Tous ces moïens sont également compris dans la malédiction qui fut prononcée avec justice contre toute la Terre, après la chute de l'Homme. Si donc ce sont-là des Maux réels, il faut les considérer comme des suites du péché, &

comme une juste punition que la transgression de nos prémiers Parens a transmise & attirée sur toute leur Postérité. Je suis pleinement persuadé que toutes les Nations du Monde, & chaque Individu de notre espèce, civilisé ou sauvage, descendent de *Seth*, de *Cham*, ou de *Japhet*. D'ailleurs l'expérience, qui nous a appris que les plus grands Empires ont leurs périodes, & que les Etats ou les Roïaumes les mieux gouvernés peuvent venir à tomber, nous convainc que les Peuples les plus policés peuvent bientôt dégénérer, s'ils sont dispersés & misérables; & que par divers accidens quelques-uns d'entr'eux deviendront enfin des Sauvages très-grossiers, quoiqu'ils aïent eu des Ancêtres savans & bien policés.

HOR. Si la première de ces assertions dont vous êtes pleinement persuadé, est véritable, elles sont toutes les deux incontestables, puisque la seconde est évidente par elle-même. Les Sauvages qui existent actuellement, ne nous laissent pas lieu d'en douter.

CLEO. Il m'a paru que vous aviez insinué ci-devant, que les Hommes n'auroient plus rien à craindre de la part des Bêtes féroces, dès-que civilisés ils vivroient dans une Société nombreuse & bien réglée. L'exemple de ces Sauvages dont vous parlez, montre cependant que notre Espèce ne sera jamais entièrement
à cou-

à couvert de ce danger; puisque le Genre Humain sera toujours exposé à se voir réduit dans cet état sauvage. Si ce malheur est réellement arrivé à de vastes Multitudes, qui tiroient véritablement leur origine de *Noé*, il n'est point de grand Prince sur la Terre, qui aïant des enfans puisse s'assurer qu'aucun de sa postérité n'éprouvera jamais le même desastre. On peut avoir exterminé toutes les Bêtes féroces dans des païs bien cultivés, mais elles multiplient dans les lieux déserts. Il est un grand nombre de ces Animaux, qui rodent à présent en pleine liberté, & qui sont maîtres dans bien des endroits, d'où on les avoit cidevant chassés. Je croirai toujours que chaque Espèce des Créatures qui vivent dans la Terre & sur la Terre, continuent toutes sans exception à être aujourd'hui, comme dès le commencement, sous la conduite de cette même Providence, qui a trouvé à-propos de les créer.

Vous avez beaucoup de patience, il faut l'avouer; mais je n'en abuserai pas davantage. Puisque nous sommes convenus du prémier principe, qui a engagé les Hommes à se réunir ensemble pour former une Société, je crois que nous pouvons bien faire une petite pause, & renvoïer cette matière à un autre jour.

HOR. J'y consens, & même d'autant plus volontiers, que je vous ai fait parler fort long-tems. Dès-que vous aurez le loisir, j'espère que vous satisferez à l'impatience que j'ai d'entendre ce qui vous reste encore à me dire.

Cleo. Je suis obligé d'aller dîner demain à *Windsor* †. Si vous n'êtes point engagé ailleurs, & que vous vouliez être de la partie, j'aurai l'honneur de vous mener dans une maison où vous serez parfaitement bien reçu. Mon carosse sera prêt à neuf heures, je vous prendrai en passant.

Hor. Voilà sans-doute une belle occasion pour babiller trois ou quatre heures.

Cleo. Nous ne serons que nous deux pour faire le voïage.

Hor. Je vous attendrai avec plaisir.

Cleo. Adieu.

† WINDSOR, Bourg sur la *Tamise*, à vingt milles de *Londres*, est dans la Province de *Berks*. C'est un lieu considérable par son magnifique Château Roïal.

DIALOGUE VI.

HORACE & CLEOMENE.

HORACE.

Present que nous avons quité le pavé, ne perdons point de tems, je vous prie. Je me réjouïs d'entendre ce que vous avez encore à me dire.

CLEO. Le second motif qui a porté les Hommes à vivre en Société, c'est le danger où ils ont été de la part les uns des autres. Péril qui tire sa source de ces principes constans de Vanité & d'Ambition, que tous les Humains apportent en venant au monde. Différentes Familles peuvent chercher à vivre ensemble, & être prêtes à se réunir, lorsque le même danger les menace ; mais si elles n'ont pas un ennemi commun à repousser, elles ne tirent pas assez d'utilité les unes des autres pour penser à se joindre en Société. Remarquons donc que dans un tel Etat, les qualités les plus estimables seroient la force, l'agilité, & le courage. D'où l'on doit conclure que plusieurs Familles ne sauroient long-tems subsister
en-

ensemble, sans que quelques-unes, poussées par les principes de Vanité & d'Ambition dont j'ai parlé, ne cherchassent de tout leur pouvoir à dominer sur les autres. De-là il résulteroit nécessairement des disputes, qui obligeroient les plus foibles & les plus timides à se joindre, pour leur propre sureté, à ceux dont ils auroient la meilleure opinion.

Hor. Cette Multitude seroit ainsi divisée par Bandes, & chaque Compagnie auroit son Chef. Alors les plus forts & les plus résolus se rendroient toujours maîtres des plus foibles & des plus timides.

Cleo. Ce que vous dites s'accorde exactement avec les relations que nous avons des Nations sauvages qui subsistent encore dans le Monde; ainsi il peut se passer bien dès siècles, avant que le Genre Humain puisse se tirer de cet état misérable.

Hor. La première Génération qui auroit été sous la garde des Parens, pourroit bien être gouvernée. Pourquoi donc la Génération suivante ne seroit-elle pas plus sage, que celle qui l'a précédée?

Cleo. Les Descendans seroient, sans-contredit, & plus éclairés & plus rusés. Le tems & l'expérience produiroient sur eux le même effet, qu'ils ont eu sur la Génération précédente. En un mot, ils deviendroient, dans les objets particuliers auxquels ils s'appliqueroient, aussi
ex-

experts, & auſſi ingénieux, que les Nations les plus civiliſées ont jamais pu l'être. Mais leurs paſſions effrenées, & les querelles que ces paſſions occaſionneroient, ne leur permettroient jamais de vivre heureux & tranquiles. Les conteſtations qu'ils auroient enſemble, dérangeroient continuellement les progrès qu'ils auroient faits; elles détruiroient ſouvent leurs inventions, & les fruſtreroient de leurs attentes les plus certaines.

Hor. Mais les deſagrémens qu'ils ſouffriroient, ne les pouſſeroient-ils pas à en rechercher la cauſe; & après l'avoir connue, ne feroient-ils pas des Traités, par leſquels ils s'obligeroient à ne ſe point faire de tort les uns aux autres?

Cleo. Il eſt très-probable que cela arriveroit, comme vous le dites. Mais un Peuple auſſi mal élevé, & auſſi mal diſcipliné, ne manqueroit pas de violer cette Convention, dès-que l'intérêt qui l'auroit engagé à la faire, ne ſubſiſteroit plus.

Hor. Mais la Religion, la Crainte d'une Cauſe inviſible ne pourroit-elle pas les empêcher de rompre leurs Traités?

Cleo. Sans-doute que la Religion le pourroit; elle produiroit même cet effet pendant quelques Générations. Mais l'effet que la Religion produiroit ſur ces Peuples, ne ſeroit point différent de celui qu'elle produit chez les Nations civiliſées. Rarement on s'y repoſe uniquement

ment sur la vengeance divine ; & on y regarde les sermens mêmes comme bien peu utiles, lorsqu'on n'a pas la force en main pour obliger les Hommes à tenir leur parole, & pour punir le parjure.

Hor. Mais ne croïez-vous pas que celui qui a aspiré au commandement, ne souhaite aussi, poussé par la même ambition, que ceux dont il est le Chef lui obéissent dans les matières civiles ?

Cleo. Il n'est pas permis d'en douter : je crois même de plus, que l'établissement mal affermi & précaire des Communautés, n'empêcheroit point qu'au bout de trois ou quatre Générations on ne commençât à développer les principes du Cœur Humain, & à le connoître. Ainsi les Conducteurs découvriroient infailliblement, que plus la division & la discorde seroit grande parmi le Peuple soumis à leur Gouvernement, moins ils pourroient en tirer parti. Ils seroient ainsi portés à rechercher les différens moïens qui peuvent tenir en bride le Genre Humain. Les querelles & les meurtres sévèrement défendus, il ne seroit pas permis d'enlever par force les Femmes ou les Enfans de ceux qui seroient de la même Communauté. On feroit des Loix pénales. Bientôt on découvriroit que personne ne peut être juge dans sa propre cause. On regarderoit les Vieillards, comme aïant, généraleralement parlant, plus de lumières que les Jeunes-gens......

Hor. Lorſqu'on auroit une fois fait des Loix, & impoſé des Amendes, je croirois que l'on auroit ſurmonté les plus grandes difficultés. Je ſuis donc ſurpris de ce que vous avez dit ci-devant, que ces Peuples pourroient encore après cela mener une vie miſérable durant pluſieurs ſiècles.

Cleo. Il y a un point de fort grande importance, dont je n'ai point encore fait mention; & il eſt impoſſible qu'un nombre conſidérable de perſonnes jouïſſent long-tems d'une véritable félicité, ſi l'on n'a point fait une découverte. Que ſignifient les Contracts les plus forts, lorſqu'on ne peut les montrer ? Dans les matières qui exigent de l'exactitude & de la préciſion, quel fond peut-on faire ſur la Tradition orale, ſurtout lorſque la langue vulgaire eſt encore très-imparfaite ? Les rapports faits de bouche ſont ſujets à mille exceptions, & à des diſputes ſans fin qu'on ne peut prévenir que par des Ecrits, qui ſont, comme chacun ſait, des témoins infaillibles. Les différens efforts qu'on a fait ſi ſouvent pour forcer & tordre le ſens des Loix même écrites, nous montrent que l'adminiſtration de la Juſtice ſeroit impraticable dans une Société où l'on ignoreroit l'art d'écrire. Ainſi le troiſième & dernier pas à la Société, eſt l'invention des Lettres. Nul
Peu-

Peuple ne peut vivre tranquilement sans Gouvernement ; nul Gouvernement ne peut subsister sans Loix ; & nulle Loi ne peut être long-tems efficace, sans être écrite. Ces seules réflexions suffisent pour nous donner de grandes ouvertures sur la nature de l'Homme en général.

Hor. Je ne suis point de cet avis. Si nul Gouvernement ne peut subsister sans Loix, c'est que dans toutes les Multitudes il y a des Scélérats. Mais si vous jugez de la nécessité des Loix par ces Scélérats, c'est une injustice, dont même on ne se rend pas coupable, lorsqu'il s'agit de juger des Animaux brutes ; je veux dire de juger de la Nature Humaine en général par les Méchans, plutôt que par les Bons qui suivent les lumières de leur raison. Parce qu'il y a quelques Chevaux vicieux, n'aurions-nous pas tort de les mettre tous dans le même rang, & d'en condamner toute l'espèce, sans faire attention qu'un grand nombre de ces superbes Créatures sont naturellement douces & apprivoisées ?

Cleo. A ce compte, je serai obligé de répéter tout ce que je vous ai dit hier & avant-hier. Je croiois vous avoir convaincu qu'il en étoit de la faculté de penser, comme de celle de parler. Quoique l'Homme soit né avec des dispositions plus efficaces pour apprendre ces deux choses que n'en ont les Animaux, il est cependant vrai que ces deux qualités

tés caractéristiques ne lui feroient pas d'un grand usage, s'il n'étoit pas instruit, & qu'il n'eût jamais conversé avec aucune Créature de son espèce. Tous ceux qui, sans avoir reçu d'éducation, seront abandonnés à eux-mêmes, suivront les mouvemens de leur nature, & ne s'embarrasseront point des autres. D'où je conclus que tout Homme qui n'a pas appris à être bon, est nécessairement mauvais. De même tout Cheval qu'on n'a pas bien dompté, est revêche : car nous appellons ces Animaux vicieux, lorsqu'ils mordent, qu'ils ruent, qu'ils cherchent à faire tomber leur Cavalier, & que, portés par leur nature à haïr la servitude, ils font tous leurs efforts pour secouer le joug, & pour recouvrer leur liberté. Il est évident que ce que vous appellez naturel, est entièrement dû à l'art & à l'éducation. Il n'y eut jamais de bon Cheval, orné des meilleures qualités, qui ait été souple & docile avant d'avoir été dressé. On ne monte guères ces Animaux, qu'ils n'aient atteint l'âge de trois ou quatre ans. Pendant tout ce tems là on les exerce, on leur parle, & on leur fait faire le manège. Ceux qui en ont soin, leur donnent à manger, les caressent, les tiennent en bride, & les battent. En un mot, tandis qu'ils sont jeunes, on ne néglige rien de tout ce qui peut leur inspirer de la crainte & du respect pour notre espèce. On ne les oblige pas seule-

Tome IV. I ment

ment à obéir au génie supérieur de l'Homme, mais encore à en tirer vanité. Voulez-vous juger de la nature des Chevaux en général, & savoir jusqu'où s'étend leur disposition à être gouvernés ? il n'y a qu'à choisir cent Poulains qui sortent de Jumens très-estimées & de très-beaux Etalons. Mettez-les ensuite tous, tant mâles que femelles, dans une vaste forêt, & vous verrez combien ils seront traitables, lorsqu'ils y auront resté six ou sept ans.

Hor. Mais cela ne s'est jamais fait.

Cleo. A qui en est la faute ? Ce n'est point à la requisition des Chevaux, qu'on enlève aux Jumens leurs Poulains. Quoi qu'il en soit, s'il y en a qui soient doux & dociles, il n'en faut point chercher d'autre cause, que la manière dont l'Homme les élève. L'origine du vice est la même dans les Humains que dans les Chevaux. Dans les uns comme dans les autres on remarque le même desir pour la liberté, & la même impatience lorsqu'on s'oppose à leurs volontés. On dit donc qu'un Homme est vicieux, lorsqu'infracteur des préceptes & des loix, il s'abandonne comme une Bête brute aux appétits effrenés de sa nature, qui n'a point été instruite, ou qui a été mal morigénée. Par-tout on fait les mêmes plaintes contre notre nature. L'Homme souhaiteroit d'avoir tout ce qu'il trouve de son goût, sans considérer s'il y a quelque

que droit ou non ; & il voudroit satisfaire toutes ses fantaisies, sans s'embarrasser des effets qu'elles pourront produire sur les autres. Mais dans le même tems qu'il hait ainsi tout le monde, les autres, poussés par le même principe, ne témoignent dans aucune de leurs démarches, qu'ils aïent quelques égards pour sa personne.

Hor. En un mot, vous voulez conclure delà que l'Homme ne fera pas naturellement à autrui, ce qu'il voudroit qui lui fût fait.

Cleo. Cela est vrai. On trouve dans la Nature Humaine un autre principe qui autorise mon opinion. Lorsque les Hommes se comparent eux-mêmes avec d'autres, ils portent tous des jugemens où il y a beaucoup de partialité. Supposons deux personnes égales à tous égards : je dis qu'elles n'auront jamais des idées aussi avantageuses l'une de l'autre, qu'elles en ont d'elles-mêmes. Or tous les Hommes étant également portés à juger favorablement d'eux-mêmes, il n'est rien de plus propre à semer la discorde entr'eux, qu'un présent qui auroit pour inscription *detur digniori*, c'est pour celui qui a le plus de mérite. L'Homme dans la colère, agit précisément comme les autres Animaux. Les uns & les autres tâchent de troubler ceux contre lesquels ils sont irrités, dans les efforts qu'ils font pour travailler à leur propre conservation : ils tâchent tous, proportionnellement au degré de la paſſion dont ils ſont agités, ou de faire périr leurs adverſaires, ou de leur cauſer de la peine & du déplaiſir. On doit convenir que ces choſes ſi contraires à la Société ſont des défauts, ou plutôt des propriétés de notre nature, ſi l'on fait attention que tous les règlemens, & toutes les loix inventées pour le bonheur du Genre Humain, ont été faites pour enlever ces difficultés, & pour prévenir ces plaintes qu'on forme, comme je l'ai dit, par-tout contre la Nature Humaine. Les loix fondamentales de tous les païs tendent à ce but; & il n'y en a pas une qui n'ait en vue cette foibleſſe, ce défaut, ou ce peu de diſpoſition que les Hommes ont naturellement pour la Société. Il eſt viſible que toutes ces loix ſont deſtinées à ſervir, comme autant de remèdes, pour contrecarrer, ou pour déraciner l'inſtinct que l'Homme a naturellement pour la Souveraineté: panchant qui lui apprend à rapporter tout à lui-même, comme à ſon unique centre, & qui le porte à s'approprier tout ce qui ſe trouve à ſa bienſéance. Le but & le deſſein de corriger notre nature pour le bien temporel de la Société, n'eſt nulle part plus ſenſible, que dans ce Corps de loix, également abrégé & complet, que Dieu nous a lui-même donné. Tant que les *Iſraélites* furent eſclaves en *Egypte*, ils furent gouvernés par les loix de leur

Maſ-

Maître; &, si alors ils ne pouvoient sans injustice être mis au rang des Hommes les plus sauvages, il s'en falloit cependant encore beaucoup qu'ils ne fussent une Nation civilisée. Il est raisonnable de croire qu'avant que d'avoir reçu la Loi de Dieu, ils avoient déjà parmi eux des règlemens & des coutumes, qui ne furent point annullés par les dix Commandemens. On peut aussi démontrer qu'ils avoient des notions du Juste & de l'Injuste, & qu'ils étoient convenus de punir ceux qui seroient coupables d'une violence ouverte, ou de s'être emparés du bien d'autrui.

Hor. Comment peut-on le prouver?

Cleo. Par le Décalogue même. Toutes ces sages Loix conviennent parfaitement au Peuple pour lequel elles sont destinées. Or le neuvième Commandement, par exemple, prouve évidemment que le témoignage d'un seul Homme ne suffisoit pas pour être cru dans ce qui le concernoit, & que personne ne pouvoit être juge dans sa propre cause.

Hor. Il nous défend uniquement de dire faux témoignage contre notre Prochain.

Cleo. Cela est vrai: mais toute la teneur, & le but de ce Commandement, présuppose & doit renfermer ce que je dis. D'ailleurs les défenses de paillarder, de dérober, & de convoiter quelque chose qui soit à notre Prochain, donnent

encore plus senſiblement à entendre la même choſe. Ces Loix paroiſſent des additions, ou des corrections, pour suppléer à ce qu'avoient de défectueux certains règlemens, & certaines coutumes qui étoient déjà en uſage auparavant. Si nous enviſageons dans ce point de vue les trois Commandemens dont je viens de parler, nous y trouverons de fortes preuves, prémièrement, de cet inſtinct intérieur pour la Souveraineté, que j'ai appellé quelquefois l'amour de la domination, & le panchant à s'emparer de ce qui eſt à notre bienſéance. Nous nous convaincrons, en ſecond lieu, qu'il eſt très-difficile de déraciner entièrement du cœur de l'Homme ces principes naturels. Il paroît par le huitième Commandement que, quoique nous aïons de l'éloignement pour nous ſaiſir du bien de notre Prochain à force ouverte, il ſeroit cependant à craindre que l'inſtinct que nous portons dans notre cœur pour notre intérêt particulier, ne nous ſollicitât à nous en emparer par des moïens cachés, & par des voies indirectes. Le précepte ſuivant montre manifeſtement que quoique nous ſoïons convenus de ne point enlever la Femme d'un autre, on peut cependant appréhender que ſi nous l'aimions, ce principe inné qui nous ordonne de ſatisfaire tous nos appétits, ne nous conſeillât de nous en ſervir comme ſi elle nous appartenoit, dans le tems que notre
Pro-

Prochain fait tous les frais de son entretien, & qu'il élève tous les enfans qu'elle met au monde. De tous les Commandemens le dernier confirme encore plus clairement mon assertion. Il va directement à la racine du mal, & découvre la vraie source des malheurs que le septième & le huitième Précepte veulent prévenir: car personne ne les transgressera, s'il n'a prémièrement violé ce dixième Commandement. D'ailleurs celui-ci insinue très-distinctement, en prémier lieu, que cet Instinct, aïant beaucoup de pouvoir sur nous, est une maladie très-difficile à guérir: en second lieu, qu'il n'y a rien dont notre Prochain soit en possession, que nous ne puissions desirer, lorsque nous cessons de faire attention à la justice, & à la propriété des biens. Voilà pourquoi il nous défend absolument de convoiter aucune des choses qui lui appartiennent. La Sagesse Divine, connoissant parfaitement la force de ce Principe intéressé qui nous oblige à envisager tout comme nôtre, a observé que, si l'Homme convoite de cœur une chose, cet instinct le gouverne, & lui persuade de mettre tout en œuvre pour parvenir à l'accomplissement de ses desirs.

Hor. Suivant votre manière d'expliquer les Commandemens, & de les faire ainsi répondre exactement aux foiblesses de notre nature, il suit du neuvième Précepte, que les Hommes sont naturellement très-disposés à faire de faux sermens: mais c'est ce que je n'ai jamais ouï dire jusques à présent.

CLEO. Ni moi non plus. Cependant j'avoue que votre critique semble plausible, par le tour fin que vous avez su lui donner. Mais quelque spécieuse qu'elle puisse paroître, elle ne laisse pas d'être injuste. Vous trouverez vous-même la fausseté de la conséquence que vous insinuez, si vous voulez bien prendre la peine de distinguer les appétits naturels, d'avec les différens crimes que nous commettons pour assouvir nos passions. Quoique nous ne soïons pas portés immédiatement par notre nature à nous parjurer, cependant nous avons naturellement plusieurs appétits qui, s'ils n'étoient jamais reprimés, pourroient avec le tems nous engager, pour les satisfaire, à rendre de faux témoignages, & même à faire pis, s'il étoit possible. Le Commandement dont vous avez fait mention, suppose manifestement que dans toutes les occasions, l'Homme, poussé par sa nature, est attaché d'une manière si déraisonnable à ses intérêts, qu'il pourroit non seulement être déterminé à faire visiblement du tort aux autres, comme il paroît visiblement par le septième & le huitième Commandement, mais encore à agir contre sa propre conscience. Il n'y a jamais eu personne, qui de propos délibéré ait porté de faux témoignages contre son Prochain. On s'est toujours proposé un but, en commetmettant une action auſſi noire. Or quel que ſoit ce but, je l'appelle *Intérêt*. La Loi qui défend le meurtre, nous a déjà fait voir que nous mettons au deſſous de nous tout ce à quoi nous nous comparons. Auſſi, quoique la deſtruction ſoit le ſujet de notre plus grande crainte, & que nous ne connoiſſions point de malheur plus terrible que la diſſolution de notre Être, cet inſtinct pour la Souveraineté nous fait être cependant des juges ſi iniques, que nous nous déterminons à détruire & à perdre totalement ceux que nous croïons être en obſtacle à l'accompliſſement de ces deſirs, qui ſont ſuivant nous le fondement de notre bonheur. Les Hommes ne tiennent pas ſeulement cette conduite, lorſque les obſtacles ſont préſens ou à venir, mais encore pour des offenſes paſſées & où il n'y a plus de remède.

Hor. Il me paroît que vous voulez parler à préſent de la Vengeance.

Cleo. C'eſt préciſément cela; & l'Inſtinct pour la Souveraineté, qui ſuivant moi ſe trouve dans la Nature Humaine, n'eſt jamais plus remarquable que dans cette paſſion. Il n'y a jamais eu d'Homme qui en ait été exempt. Ni les plus civiliſés, ni les plus ſavans ne ſont que très-rarement en état de la domter. Or quiconque cherche évidemment à ſe venger, s'arroge le droit de juger, & l'autorité de punir. Privilège qui étant directement contraire à la paix mutuelle des Membres de chaque Société, est par-là même la prémière chose qu'on arrache des mains de l'Homme; & l'on remet au Magistrat & au Chef une chose, dont il est si facile & si ordinaire d'abuser.

Hor. Cette remarque sur la Vengeance a fait plus d'impression sur moi qu'aucune des autres raisons que vous aïez avancées jusqu'ici, pour prouver qu'il y a dans notre nature un certain panchant pour la Souveraineté. Mais je ne puis encore concevoir pourquoi les vices des Particuliers & des Individus, doivent être considérés comme appartenant à toute l'Espèce.

Cleo. Parce que tous les Hommes peuvent tomber dans les vices qui sont particuliers à leur espèce. Je ne puis mieux comparer ces vices qu'aux diverses maladies dont les Créatures peuvent être attaquées. Les Chevaux sont sujets à plusieurs maux, qui n'attaqueront point les Vaches. Quiconque commet une faute, quelle qu'elle soit, doit nécessairement avoir au dedans de lui un panchant, une cause cachée qui l'y dispose. C'est pourquoi tous les Législateurs ont dû considérer deux choses bien particulièrement. D'abord quels sont les moïens propres à procurer le bonheur de la Société commise à leurs soins. En second lieu, quelles passions, quelles qualités il y a dans la nature de l'Homme, qui puissent contribuer à ce bonheur, ou bien y être contraires. La pru-

SIXIEME.

dence demande que vous veilliez sur votre reservoir, pour empêcher que les Hérons, les Butors, & les autres Animaux qui sont naturellement portés à manger du Poisson, ne viennent y faire du dégat: mais il seroit ridicule de prendre de semblables précautions contre les Coqs-d'Inde, les Paons, ou d'autres Animaux, qui non seulement n'aiment pas le Poisson, mais qui encore ne sauroient en prendre.

Hor. Quelle est la foiblesse que les deux prémiers Commandemens supposent dans notre nature; ou, pour me servir de vos expressions, à quel défaut répondent-ils?

Cleo. A l'aveuglement & à l'ignorance naturelle où nous sommes sur la vraie Divinité. Quoiqu'en venant au monde nous apportions tous un instinct qui se manifeste de lui-même avant que nous aïons atteint l'âge de maturité, cependant la crainte qu'on remarque dans tous les Hommes pour une Cause invisible, ou pour plusieurs Causes invisibles, n'est pas plus universelle, que l'incertitude qu'on remarque dans tous les Hommes qui n'ont pas été instruits sur la nature & les propriétés de cette Cause, ou de ces Causes. On ne sauroit alléguer une meilleure preuve de cette vérité que ——

Hor. Cela n'est pas nécessaire. L'Histoire de tous les Siècles en est une preuve convaïnquante.

Cleo.

Cleo. Permettez-moi de continuer. Il ne sauroit, ai-je dit, y avoir une meilleure preuve de cette vérité, que celle qu'on trouve dans le second Commandement, qui regarde évidemment toutes les absurdités, & toutes les abominations auxquelles la crainte mal dirigée d'une Cause invisible a toujours porté les Hommes, & auxquelles elle les portera toujours. Lors donc que je considère tout cela, je ne puis me persuader qu'un autre Etre que Dieu lui-même, dont la sagesse est infinie, ait pu combattre toutes ces extravagances humaines, dans aussi peu de paroles qu'il y en a dans ce Commandement. Car il n'y a rien de si haut, ou de si éloigné dans le Firmament, ni rien de si bas ou de si abject sur la Terre, que quelques Nations n'aient adoré, & qu'elles n'aient fait servir en quelque manière d'objet à leur superstition.

Hor. Quoique les *Egyptiens* fussent un Peuple très-éclairé, ils ont cependant rendu un culte religieux au *Crocodile*, à l'*Ibis*, & au *Marmot* *. Un Singe saint! Qu'il y ait eu des Hommes assez insensés pour rendre des honneurs divins à une semblable Créature, c'est-là je l'avoue l'opprobre de notre espèce, & le plus haut degré

---

* ―――――― ―――― ―――― *Crocodilum adorat*
Pars hæc: illa pavet saturam Serpentibus Ibin.
Effigies sacri nitet aurea Cercophiteci. JUVENAL.
Lib. V. Satyr. XV.

gré de folie dont on puisse accuser la Superstition.

Cléo. Je ne suis pas de votre avis. Un Singe est encore une Créature animée, & par conséquent il est encore supérieur aux Etres inanimés.

Hor. Se prosterner devant un Animal aussi vil & aussi ridicule, c'est, suivant moi, une adoration plus absurde que celle qu'on a rendue au Soleil ou à la Lune.

Cléo. Ceux qui ont adoré le Soleil, ou la Lune, n'ont jamais douté que ces objets ne fussent des Etres intelligens & glorieux. Mais lorsque j'ai prononcé le mot *inanimé*, je pensois à l'endroit où le même Poëte, qui vous a fourni ce que vous avez dit, parle des honneurs que les Hommes rendoient aux *Porreaux* & aux *Oignons*; Divinités qui naissoient dans leurs propres jardins †. Mais cela n'est encore rien en comparaison de ce qui est arrivé en *Amérique*, quatorze-cens ans après *Juvenal*. Si dans ce tems-là le culte abominable des *Mexicains* avoit été connu, il n'auroit pas daigné faire mention de celui des *Egyptiens*. Saisi d'étonnement, j'ai souvent considéré les peines extraordinaires que ces pauvres *Américains* doivent avoir pris pour exprimer & manifes-

---

† *Porum & cepe nefas violare, & frangere morsu. O Sanctas Gentes, quibus hæc nascuntur in hortis Numina!* Idem. ibid.

nifester les notions affreufes, ridicules, étranges, & inexprimables qu'ils s'étoient forgées de la malice noire, & de la nature infernale & implacable de leur *Viztzilipuztli*, auquel ils facrifioient le cœur des Hommes, après le leur avoir arraché dans le tems qu'ils étoient encore en vie *. La figure monstrueufe, & l'horrible laideur de cette abominable Idole, font une vive repréfentation des idées terribles que ces Miférables avoient de la puiffance

---

* Le principal Temple de la Ville de *Mexique* étoit confacré à l'Idole *Viztzilipuztli*, qui, dans la langue de ce Peuple, fignifie *le Dieu de la Guerre*. Cette Divinité paffoit chez cette nation pour le Souverain de tous leurs Dieux. Il y avoit devant la Chapelle qui renfermoit la Statue de cette fauffe Divinité, une pierre verte, haute de cinq pieds, & taillée en dos d'ane, où l'on étendoit fur le dos le Miférable qui devoit fervir de victime, pour en arracher le cœur. Cette Idole étoit de figure humaine, affife fur un trône, foutenu par un globe d'azur, qu'ils appelloient le Ciel. Il fortoit des deux côtés de ce globe quatre bâtons, dont le bout étoit taillé en tête de Serpent, que les Sacrificateurs portoient fur leurs épaules, lorsqu'ils produifoient leur Dieu en public. Elle avoit fur la tête un casque de plumes de diverfes couleurs, en figure d'Oifeau, avec le bec & la crête d'or bruni. Son vifage étoit affreux & févère, & encore plus enlaidi par deux raies bleues, qu'elle avoit l'une fur le front, & l'autre fur le nez. Sa main droite s'appuïoit fur une Couleuvre ondoïante, qui lui fervoit de bâton: la gauche portoit quatre flèches qu'ils révéroient comme un préfent du Ciel, & un bouclier couvert de cinq plumes blanches mifes en croix. *Hiftoire de la Conquête du Mexique*, par FERDINAND CORTEZ, *traduite de l'Efpagnol de* DON ANTOINE DE SOLIS. **Liv. III, Chap. XIII.**

ce invisible qui gouverne toutes choses. Les hommages & l'adoration qu'ils lui rendoient, montrent combien ils la croïoient horrible & exécrable ; puisque, craintifs & tremblans, ils tâchoient par l'effusion du sang humain, sinon à appaiser son courroux & sa rage, du moins à détourner en quelque manière de dessus leurs têtes, les différens maux dont elle paroissoit les menacer.

Hor. Il n'est rien, je l'avoue, qui soit plus propre à faire sentir l'énormité de l'Idolâtrie, que de réfléchir sur le second Précepte. Mais comme ce que vous disiez sur ce sujet, n'exigeoit pas beaucoup d'attention, je pensois pendant ce tems-là au troisième Commandement, qui m'a fourni une objection, que je crois très-forte, contre ce que vous avez affirmé de toutes les Loix en général, & du Décalogue en particulier. J'ai insisté, comme vous le savez, sur l'injustice qu'il y avoit à attribuer les défauts des Méchans à la Nature Humaine en général.

Cleo. Je ne l'ignore pas ; mais je crois aussi y avoir répondu.

Hor. Permettez-moi de pousser cette nouvelle objection, & je vous promets que ce sera la dernière que je vous ferai sur ce sujet. A quelle de ces deux causes les Juremens profanes doivent-ils leur origine ? Viennent-ils de la fragilité de notre nature, ou d'une mauvaise habitude que
l'on

l'on a contracté par le commerce des mauvaises Compagnies?

Cleo. C'est sans-contredit de cette dernière cause.

Hor. D'où il est évident, ce me semble, que cette Loi regarde uniquement les Impies, qui se rendent coupables du vice qu'elle défend; & qu'elle ne suppose point qu'il y ait dans la Nature Humaine aucune fragilité de cette espèce.

Cleo. Je crois que vous ne comprenez pas bien le but de cette Loi; il va, à mon avis, beaucoup plus loin que vous ne pensez. Vous n'avez pas oublié ce que je vous ai dit du respect qui devoit être nécessairement joint à l'autorité, pour qu'on pût gouverner les Créatures Humaines.

Hor. Fort bien : je me souviens même que vous avez dit que ce respect étoit composé de la crainte, de l'amour & de l'estime.

Cleo. Examinons à-présent ce qui est contenu dans le Décalogue. La courte Préface de ce Corps de Loix étoit évidemment destinée à faire connoître aux *Israélites*, qui étoit celui qui leur parloit; & Dieu s'y manifeste à ceux qu'il avoit choisi pour son Peuple, en leur rappellant un exemple très-frappant de sa toute-puissance, & les grandes obligations qu'ils lui avoient, & qu'aucun d'eux ne pouvoit ignorer. On ne peut rien voir de plus clair,

clair, & en même tems de plus majestueux, de plus élevé, & de plus sublime, que cette sentence. Je défie même le Monde Savant de m'en alléguer une autre qui ait la même force & la même dignité, qui renferme autant de choses, & qui dans des termes aussi simples remplisse si exactement son but, & réponde si parfaitement à son dessein. Les raisons & les motifs qui doivent porter les Hommes à observer le second Commandement, & à obéir aux Loix Divines, y sont énoncés de la manière la plus emphatique. Prémièrement, il est parlé du courroux de Dieu contre ceux qui le haïssent, & même contre leur postérité. En second lieu, de l'immense étendue de sa miséricorde envers ceux qui l'aiment, & qui gardent ses commandemens. Si nous considérons attentivement ces passages, nous trouverons qu'ils tendent visiblement & distinctement à produire la crainte, l'amour, & la plus haute estime. On y a fait usage de la meilleure méthode, pour imprimer profondément, dans le cœur des Hommes, ces trois sentimens qui composent le respect. La raison en est claire. Puisque ce Peuple devoit régler ses actions sur ce Corps de Loix, rien n'étoit plus nécessaire pour obliger à les suivre, que de lui inspirer de l'amour, de la crainte, & une suprême vénération pour celui qui en aïant ordonné l'observation devoit punir ceux qui les violeroient.

Hor. Est-ce-là répondre à mon objection ?

Cleo. Aïez un moment de patience, je lèverai bientôt votre difficulté. Le Genre Humain, naturellement léger & inconstant, aime le changement & la diversité. Il arrive rarement que les Hommes conservent long-tems les impressions que les objets avoient d'abord faites sur eux, lorsqu'ils leur étoient nouveaux. Dès qu'ils y sont accoutumés, on voit qu'ils tâchent d'en diminuer le prix, si même ils ne se font un plaisir de les mépriser tout-à-fait. Je crois que le troisième Commandement a en vue cette foiblesse, ou cette inconstance de notre nature. Rien n'étoit plus propre à en prévenir les mauvaises suites par rapport à nos Devoirs envers le Créateur, qu'une étroite observation de cette Loi, qui ordonne de ne jamais se servir du nom de Dieu, que de la manière la plus solemnelle, dans les occasions nécessaires, & pour des choses de grande importance. Comme la partie du Décalogue qui précède, renferme déjà les motifs les plus puissans pour produire la vénération, il n'y avoit rien de plus sage & de mieux entendu pour affermir ce respect, & pour le rendre éternel, que le contenu de la Loi qui défend le Serment : Car comme *trop de familiarité engendre mépris*, il n'y avoit rien de meilleur pour conserver le profond respect que nous devons avoir

pour

pour ce qu'il y a de plus facré, qu'en tenant une route toute oppofée.

Hor. Vous avez entièrement levé ma difficulté.

Cleo. Le même Corps de Loix nous montre dans un autre Commandement, combien le refpect eft utile pour fe faire obéir. Les Pères & les Mères, ceux qui agiffent en leur nom, ou qui en tiennent la place, font les feuls qui aient occafion d'inftruire les Enfans de leurs devoirs. Il étoit donc néceffaire, non feulement que les Hommes craigniffent d'enfreindre la Loi de Dieu, mais encore qu'ils euffent une grande vénération pour ceux qui leur en donnoient les prémiers élémens, & qui la leur faifoient connoître.

Hor. Mais vous avez dit que le refpect que les Enfans éprouvoient pour leurs Pères & Mères, étoient une fuite naturelle de la manière dont ils en étoient traités.

Cleo. Vous croïez donc que cette Loi feroit inutile, fi les Hommes pratiquoient volontairement ce qu'elle ordonne. C'eft-là un préjugé dont vous reviendrez bientôt, fi vous voulez un peu réfléchir. J'avoue que les Pères & Mères, en répandant leurs bienfaits fur ceux à qui ils ont donné le jour, & en leur infligeant des punitions, font naître dans le cœur flexible des Enfans, de la vénération pour ceux qui les ont mis au monde. Sentiment

qui eſt même augmenté, & confirmé par la haute opinion que ces Enfans ont de la capacité ſupérieure qu'ils obſervent en ceux à qui ils ſont redevables de la vie. Cependant l'expérience nous apprend que des paſſions plus fortes peuvent étouffer ce reſpect. Comme donc ce ſentiment eſt de la dernière importance pour tout Gouvernement, & pour la Sociabilité elle-même, Dieu a auſſi trouvé à-propos de l'affermir, & de la fortifier au dedans de nous par un Commandement particulier; & pour nous encourager à l'obſerver, il y a attaché une récompenſe. Ce ſont nos Pères & Mères qui les prémiers nous guériſſent de notre naturel farouche, & de cet eſprit d'indépendance avec lequel nous naiſſons. C'eſt donc à eux que nous ſommes redevables des prémiers rudimens de notre ſoumiſſion, & c'eſt aux témoignages d'honneur & de déférence rendus par les Enfans aux Pères & aux Mères, que toutes les Sociétés ont l'obligation du principe qui produit chez les Hommes l'obéiſſance. L'inſtinct que notre nature a pour la Souveraineté, & l'amour pour l'Indépendance qu'on remarque dans les Enfans, qui eſt une ſuite de cet inſtinct, ſe manifeſtent en même tems que les prémiers rayons de la Raiſon, & même avant. Les Enfans qu'on a négligés, & inſtruits tard, ſont conſtamment les plus opiniâtres & les plus revêches. Ils ſont
tou-

toujours attachés à leurs sens, & mutins à proportion qu'ils sont moins capables de se gouverner eux-mêmes.

Hor. Vous croïez donc que parvenus à un âge mûr, nous ne sommes plus obligés d'observer ce Commandement?

Cleo. Bien loin de-là. Quoique l'avantage que cette Loi a politiquement en vue, n'ait presque lieu que lorsque nous sommes encore mineurs & sous la conduite de nos Parens, néanmoins le devoir qu'elle nous prescrit doit toujours subsister. Nous sommes portés à imiter nos Supérieurs dès le berceau. Si donc les Enfans, lorsque parvenus à un âge de maturité ils sont maîtres de leurs volontés, continuent de respecter, d'honorer leurs Pères & leurs Mères, cet exemple produira un merveilleux effet sur tous les Jeunes-gens, il leur apprendra leur devoir, & les portera à faire sans répugnance, ce qu'ils voient faire par choix aux autres qui sont & plus âgés & plus sages qu'eux. De cette manière, à mesure que leur entendement se développera, ce devoir se tournera insensiblement en habitude. Alors la vanité ne leur permettra point de le négliger.

Hor. Ce que vous venez de dire est certainement la raison pourquoi les plus vicieux, & même les plus scélérats d'entre le Monde poli rendent hommage, & respectent extérieurement ceux dont ils ont reçu le jour, lors du moins qu'ils sont en présence des autres Hommes ; quoiqu'au fond du cœur ils haïssent leurs Pères & leurs Mères, & qu'ils ne se fassent aucune peine de les desobliger.

Cleo. Voici une autre preuve qui vous montrera que les Belles Manières ne sont nullement incompatibles avec l'Impiété : c'est que les Hommes peuvent exactement garder le *decorum*, & se gêner pour paroître bien élevés, tandis qu'ils fouleront aux pieds les Loix Divines, & que toute leur conduite dénotera le mépris qu'ils ont pour la Religion. Aussi la vue d'un Homme fort, vigoureux, poli, & bien habillé, qui dans une dispute cède & se soumet à la décision de ses Parens extrêmement avancés en âge, est infiniment plus édifiante, & a beaucoup plus de force pour porter les Jeunes-gens de famille à observer extérieurement le cinquième Commandement, qu'aucune lecture, ou instruction, de quelque nature qu'elle soit.

Hor. Mais pensez-vous que toutes les Loix Divines, même celles qui paroissent uniquement se rapporter à Dieu lui-même, à son pouvoir, à sa gloire, & à notre soumission à sa volonté, sans aucune considération pour le Prochain, aïent aussi en vue le bien de la Société, & le bonheur temporel de son Peuple ?

Cleo. Il n'en faut pas douter ; témoin l'observation du Sabbat.

Hor. Plusieurs Docteurs très-célèbres ont fort bien prouvé cette vérité.   Cleo.

Cléo. Mais on retire de ce jour des avantages temporels encore plus confidérables, que ceux dont ces Auteurs ont fait mention. De toutes les difficultés que les Hommes ont été obligés de furmonter pour mettre la Société dans un état de perfection, il n'en eſt point qui leur ait cauſé plus d'embarras, & qui leur ait couté plus de peines, que la divifion du tems. Comme le cours annuel du Soleil ne répond pas exactement à un certain nombre complet de jours & d'heures, il a fallu un travail immenſe pour empêcher que les Saiſons ne fuſſent confondues. J'ofe même dire qu'il n'eſt rien qui ait plus donné la torture à l'eſprit humain, que la manière dont on devoit s'y prendre pour compter le tems. Supputation que le Commun Peuple ne pouvoit abfolument point faire, lorsque l'année étoit uniquement divifée en Mois Lunaires. Il falloit fe fouvenir de vingt-neuf, ou de trente jours, dans les païs où les Fêtes étoient irrégulières, & que tous les autres jours paroiſſent entièrement femblables. Tout cela ne pouvoit qu'embaraſſer la mémoire, & embrouiller les ignorans. Un court période, qui a fait fa révolution dans un petit efpace de tems, fe rappelle aifement. C'eſt pour cela qu'entre fept jours on en a diſtingué un très-particulièrement. Par cette précaution on a foulagé la mémoire des

per-

personnes les plus stupides, & les moins propres à réfléchir.

Hor. Je crois que le Sabbat est d'un grand secours pour la supputation des Tems, & qu'il est d'un usage beaucoup plus considérable dans les affaires humaines, que ne peuvent se l'imaginer ceux qui n'ont jamais réfléchi sur cette utilité.

Cleo. Mais ce qu'il y a de plus remarquable dans ce quatrième Commandement, c'est la manière dont Dieu se révèle à son Peuple, & comment il apprend à une Nation qui est encore dans l'enfance, une vérité que le reste du Genre Humain avoit ignorée durant un grand nombre de siècles. Les Hommes s'apperçurent bientôt des influences du Soleil, ils observèrent tous les Météores qui se forment dans différentes régions de l'air, & ils soupçonnèrent que la Lune & les autres Astres agissoient sur leur Terre. Il fallut bien du tems, & le monde étoit déjà très-éclairé, lorsque les Mortels purent s'élever par leur pensée à la contemplation d'un Etre infini, Créateur de l'Univers.

Hor. Vous vous êtes déjà assez étendu sur cet article, lorsque vous avez parlé de *Moïse*. Passons, je vous prie, aux autres choses qui concourent à établir la Société. Je conviens que le troisième pas à la fondation d'un Corps Politique, est l'invention des Lettres; que sans l'Ecriture aucu-

aucune Loi ne pourroit longtems produire son effet; & que les principaux règlemens faits dans tous les païs remédient aux foiblesses humaines; je veux dire qu'on les fait servir d'antidote contre les mauvaises suites qu'entraîneroient après elles certaines qualités inséparables de notre nature, qui, si elles n'étoient ménagées, ou reprimées, tendroient par elles-mêmes à s'opposer & à nuire à la Société. Je suis encore persuadé que le Décalogue avoit en vue ces foiblesses; qu'il a été écrit avec une sagesse infinie; & qu'il n'y a pas un Commandement qui n'aille au bien temporel de la Société, en même tems qu'il tend à un but encore plus important.

C'est-là effectivement tout ce que j'ai eu dessein de vous prouver. Dès-lors il ne reste presque plus de difficultés, ou d'obstacles, capables d'empêcher une Multitude de former un Corps Politique. Lorsque les Hommes commencent à avoir des Loix écrites qui règlent leur conduite, tout le reste va de lui-même. Nos biens, nos membres, & notre vie sont à couvert de toute attaque injuste; avantages qui nous portent à aimer la paix, & à en rendre la pratique générale. Les Peuples, tranquiles possesseurs du repos, n'auront rien à craindre de la part de leurs Voisins. Il se trouvera bientôt un grand nombre de gens, qui sentiront l'utilité qu'il y aura à diviſer & à ſubdiviſer entr'eux les ouvrages qu'il doivent exécuter.

Hor. Je ne vous comprends pas.

Cleo. L'Homme, comme je l'ai déjà dit pluſieurs fois, ſe plaît naturellement à imiter ce qu'il voit faire aux autres. C'eſt auſſi la raiſon pourquoi les Sauvages font tous la même choſe. Ce panchant pour l'imitation eſt le plus grand obſtacle qui les empêche d'améliorer leur condition, dont ils ſentent fort bien les deſagrémens. Mais ſi l'un s'appliquoit tout entier à faire des arcs & des flèches, tandis qu'un autre pourvoiroit à la nourriture ; ſi un troiſième conſtruiſoit des cabanes, un quatrième faiſoit des habits, & un cinquième des outils ; ils ne deviendroient pas ſeulement utiles les uns aux autres, mais encore dans le même nombre d'années ils perfectionneroient beaucoup plus les Arts & les Occupations, que ſi chacune de ces cinq perſonnes s'étoit appliquée indifféremment à ces différentes choſes.

Hor. Vous avez bien raiſon. Rien ne fait mieux ſentir la vérité de votre aſſertion, que l'Horlogerie, qui aſſurément eſt parvenue à un point de perfection qu'elle n'auroit jamais eue, ſi un ſeul Homme s'étoit toujours occupé à en travailler indifféremment toutes les parties. Je ſuis même perſuadé que c'eſt au partage qu'on a fait de cet Art en pluſieurs branches,

que

que nous sommes en partie redevables de la multitude de Pendules & de Montres qu'il y a parmi nous, ainsi que de l'exactitude & de la beauté que l'on remarque dans ces sortes d'Ouvrages.

Cleo. L'usage de l'Ecriture doit encore avoir bien perfectionné le Langage, qui avant cette découverte devoit nécessairement être fort pauvre & très-imparfait.

Hor. Vous me faites plaisir de faire encore mention du Langage ; car je n'ai pas voulu vous interrompre lorsque vous en avez parlé. Dites-moi, je vous prie, quelle étoit la Langue de votre Couple Sauvage, quand ils se rencontrèrent la prémière fois.

Cleo. Il est clair par ce que j'ai déjà dit, qu'ils n'en avoient aucune, du-moins c'est-là mon sentiment.

Hor. Si les Sauvages peuvent s'entendre les uns les autres sans parler, il faut sans-doute qu'ils aïent un instinct qu'ils perdent dès qu'ils sont civilisés.

Cleo. Je suis persuadé que la Nature a fait tous les Animaux de la même espèce, de manière qu'ils peuvent se faire entendre les uns aux autres dans ce qui regarde leur commerce mutuel, & autant qu'il est nécessaire pour leur conservation, & pour celle de leurs semblables. Mon Couple Sauvage, comme vous l'appellez, a très-bien su, à mon avis, se faire comprendre, avant que l'un ou l'aul'autre ait proféré des sons distincts, de la signification desquels ils soient convenus. Une personne née dans la Société, ne sauroit aisément se former des idées justes de ces Sauvages, ni de leur condition ; & si on n'est pas accoutumé à penser d'une manière abstraite, on a de la peine à se représenter un état de simplicité, où l'Homme, n'aïant qu'un petit nombre de desirs, ne sente d'autres appétits que ceux qui lui viennent immédiatement de la seule & pure nature. Pour moi il me paroît évident qu'un pareil Couple seroit non seulement destitué de tout langage, mais même je ne puis m'imaginer qu'ils en eussent besoin, ou que cette privation fût pour eux un mal réel.

Hor. Sur quoi fondez-vous votre sentiment ?

Cleo. Sur l'impossibilité qu'il y a qu'une Créature sente la nécessité d'une chose dont elle ne peut avoir d'idée. D'ailleurs, si des Sauvages parvenus à l'âge de maturité, entendant quelques personnes qui auroient ensemble une conversation, venoient à connoître l'utilité du langage, & par conséquent à s'appercevoir que c'est là un avantage qui leur manque, je suis persuadé qu'ils ne sentiroient aucune inclination pour apprendre à parler, & que même ils en seroient incapables. S'ils entreprenoient cette étude, ils la trouveroient d'un travail im-

immense, bientôt même ils desespèreroient d'en jamais venir à bout. Les Organes de la parole auroient perdu cette souplesse, & cette flexibilité qu'on a dans l'enfance, & dont j'ai si souvent parlé. Ils aprendroient plutôt à jouer en perfection du Violon, ou des Instrumens de Musique les plus difficiles, qu'à s'exprimer passablement.

Hor. Les Brutes donnent des sons différens & distincts pour marquer leurs diverses passions. Ainsi toutes les espèces de Chiens expriment leur tristesse, & les périls dont ils sont menacés, par un autre cri que celui dont ils se servent pour témoigner leur colère & leur fureur. Tous hurlent lorsqu'ils sont chagrins.

Cleo. Il ne s'ensuit pas de-là que la Nature ait donné à l'Homme le don de la parole. Les Brutes jouïssent d'un grand nombre d'autres privilèges & instincts, dont le Genre Humain est privé. Les Poulets courent dès-qu'ils sont éclos, & la plupart des Quadrupèdes peuvent marcher d'eux-mêmes aussi-tôt qu'ils ont vu le jour. Si jamais on a su une Langue par instinct, le Peuple qui s'en servit a dû en connoître tous les mots : cependant l'Homme, placé dans le simple état de Nature, n'auroit pas besoin de la millième partie des termes usités dans la Langue la plus stérile qui ait jamais été connue. Lorsque les lumières de l'Homme me sont renfermées dans des bornes très-étroites, & qu'il suit uniquement les mouvemens de la Nature, les signes muëts peuvent aisément suppléer au langage; & il est plus naturel à des personnes privées de toute éducation, de s'exprimer par des gestes que par des sons. Aussi n'y a-t-il point d'Animal qui puisse mieux se faire entendre que l'Homme, quand même on le supposeroit muët. Toute notre espèce a des signes communs pour exprimer le chagrin, la joie, l'amour, l'étonnement & la crainte. Qui doute que la Nature n'ait donné aux petits Enfans le pouvoir de crier, afin d'appeller du secours, & d'exciter la pitié? Le son même qu'ils font entendre dans ces occasions, est beaucoup plus touchant que les cris qu'ils poussent dans toute autre.

Hor. Vous voulez dire qu'il fait plus d'impression sur les Mères & sur les Nourrices?

Cleo. Je veux dire sur le général des Humains. Ne m'accordez-vous pas que la Musique usitée dans la Guerre, réveille pour l'ordinaire les esprits, qu'elle les soutient, & qu'elle les empêche de s'abaisser?

Hor. Eh bien, soit, j'avoue tout cela.

Cleo. Si donc cela est, je vous promets que la plus grande partie de notre espèce qui sera à portée d'entendre les cris & les *vagitus* de ces petits Enfans, sera beaucoup plus sûrement touchée de com-

SIXIEME.

compassion, que le bruit des tambours & des trompettes ne dissipera & ne chassera la crainte du cœur de ceux qui seront tout près de ces instrumens. Déjà nous avons eu occasion de parler des sons expressifs, connus sous les mots de pleurer, de rire, de sourire, de froncer le sourcil, de soupirer, & de s'écrier. Que le langage muët des yeux est universel & abondant! Les Nations les plus éloignées, civilisées ou non, peuvent à la prémière vue s'entendre les unes les autres dans les affaires les plus intéressantes que notre espèce puisse avoir ici-bas. A la prémière rencontre notre Couple Sauvage se diroit sans fourberie l'un à l'autre des choses beaucoup plus intelligibles, qu'un *Pair* civilisé n'oseroit en prononcer sans rougir.

Hor. Il est certain que l'on peut être aussi impudent par les yeux, que par la langue.

Cleo. Aussi le Monde poli évite t-il soigneusement tous les regards, & tous les différens mouvemens naturels, lorsqu'ils sont trop significatifs. C'est pour cela que c'est une très-grande impolitesse de s'étendre en présence d'une Compagnie composée des deux Sexes. Mais s'il est indécent de faire aucun de ces signes, la Mode exige d'un autre côté, que si quelqu'un les fait, on n'y fasse point attention, ou qu'on ne paroisse pas les entendre. Lors donc que par ignorance, ou par une grossièreté affectée, on emploie quelques-uns de

ces

ces signes, ils sont pour la plupart en pure perte auprès du Beau Monde, qui ne les comprend réellement point, parce qu'il n'est pas accoutumé à en faire usage ; tandis qu'ils seroient fort clairs à des Sauvages, qui, privés de la parole, ne pourroient converser ensemble que par des gestes & des mouvemens.

Hor. Mais si les Pères étoient trop vieux pour apprendre jamais une Langue, ou qu'ils ne voulussent point acquérir la faculté de parler, il seroit impossible qu'ils pussent apprendre quelque langage à leurs Enfans. Comment deux Sauvages pourroient-ils donc en introduire l'usage dans le Monde ?

Cleo. La chose ne pourroit arriver qu'insensiblement & à la longue. Il en seroit comme de tous les autres Arts & Siences, ainsi que de l'Agriculture, de la Médecine, de l'Astronomie, de l'Architecture, de la Peinture &c. Ce que nous observons dans les Enfans, dont la langue tarde à se délier, nous persuade que deux Sauvages se feroient entendre l'un à l'autre par le moïen des signes & des gestes, avant que de l'entreprendre par le secours des sons. Mais lorsqu'ils auroient vécu plusieurs années ensemble, il est très-probable qu'ils trouveroient des sons pour désigner les choses qui leur seroient les plus familières, afin d'en exciter l'idée dans l'esprit l'un de l'autre, quand ils ne pourroient se voir. Ils commumuniqueroient ces sons à leurs Enfans; & plus ils vivroient ensemble, plus aussi la diversité des sons qu'ils inventeroient seroit grande, tant pour exprimer les actions, que pour exprimer les choses mêmes. Nos Sauvages trouveroient dans leurs Enfans une volubilité de langue, & une flexibilité de voix dont ils ne se seroient jamais apperçu chez eux. Il est impossible que par hazard, ou à dessein, quelques-unes de ces jeunes Plantes ne fassent usage de tems en tems de cette merveilleuse & heureuse aptitude de leurs organes, & que chaque Génération ne continuât à les cultiver. Telle doit avoir été l'origine de la faculté de parler, & même de toutes les Langues qui n'ont point été inspirées. De plus, lorsque le Langage, je veux parler de celui que les Hommes ont inventé, fut déjà parvenu à un haut point de perfection, & que l'on eut des mots distincts pour désigner & chaque action de la vie, & toutes les choses familières, je crois que l'on continua encore long-tems à se servir de signes & de gestes pour accompagner la parole, parce qu'ils vont tous deux au même but.

Hor. Le but de la parole est de faire passer nos idées dans l'esprit des autres.

Cleo. Je n'en crois rien.

Hor. Quoi? Les Hommes ne parlent-ils pas pour être entendus?

Cleo. Cela est vrai dans un sens; mais

ces mots renferment une équivoque, à laquelle il me semble que vous n'avez point fait attention. Si, par *parler pour être entendus*, vous voulez dire que les Hommes, en parlant, souhaitent que les autres connoissent & saisissent la signification des sons proférés, je suis de votre avis. Mais si par-là vous voulez dire que les Hommes parlent, afin que les autres puissent savoir leurs pensées, découvrir & comprendre leurs sentimens, sens que ces paroles *parler pour être entendus* peuvent également avoir, je suis pour la négative. Le prémier signe, ou son, dont jamais Homme né de Femme se soit servi, regardoit uniquement l'usage de celui qui l'emploïa. Je crois donc que le prémier qui s'est servi de la parole, s'y est proposé pour but d'engager les autres à ajouter foi à ce qu'il voudroit leur faire croire, ou à exécuter & à souffrir les choses qu'ils seroient obligés d'exécuter & de souffrir, s'ils étoient entièrement soumis à son autorité.

HOR. On fait usage de la parole, autant pour donner aux autres des leçons, des avis & des instructions sur ce qui peut leur être utile, que pour les persuader de faire ce qui peut nous être avantageux.

CLEO. Ajoutez que les Mortels peuvent aussi par ce moïen s'accuser eux-mêmes, & confesser leurs crimes: mais il est manifeste que personne ne se
se-

SIXIEME.

seroit avisé de parler pour la prémière fois par aucune de ces vues. Or je parle du dessein, du prémier motif, & de l'intention qui engagea l'Homme à parler. Dans les Enfans nous observons que les prémiers mots qu'ils tâchent de prononcer, regardent ce dont ils ont besoin, & ce qu'ils souhaitent. Ils ne se servent même de la parole, que pour confirmer ce qu'ils avoient auparavant demandé, refusé, ou affirmé par signes.

Hor. Si cela est, pourquoi croïez-vous que les Peuples continuent encore à s'exprimer par des signes & par des gestes, lors-même que leur Langue est assez riche ?

Cleo. Parce que les signes sont aussi propres à confirmer les paroles, que les paroles à confirmer les signes. Aussi remarquons-nous que les Personnes civilisées ne peuvent presque s'empêcher de joindre les gestes aux discours, lorsqu'ils sont fort animés. Si un Enfant demande dans son mauvais baragouin un morceau de gâteau, ou un jouët, & qu'en même tems il le montre, & qu'il cherche à l'attraper, ce double effort fait beaucoup plus d'impression sur nous, que si, sans faire aucun signe, il se fût contenté de demander en termes clairs ce dont il avoit besoin, ou que, sans parler, il eût simplement regardé ce qu'il souhaitoit, & tâché de le prendre. La parole & l'action s'assistent, & s'appuïent

L 2

puïent réciproquement. Auſſi l'expérience nous apprend-elle, que ces deux choſes réunies ont beaucoup plus de force pour nous émouvoir & pour nous perſuader, que lorſqu'elles ſont ſéparées; *vis unita fortior*. Un Enfant qui emploie l'une & l'autre, agit donc par le même principe, qu'un Orateur qui joint à une déclamation étudiée les geſtes convenables.

Hor. De ce que vous avez dit, il ſuit que l'action eſt non ſeulement plus naturelle, mais encore plus ancienne que la parole elle-même. Ci-devant j'ai toujours conſidéré cette idée comme un paradoxe.

Cleo. Rien n'eſt cependant plus vrai. Si vous obſervez les Perſonnes hardies, vives & fougueuſes, vous trouverez conſtamment qu'elles font beaucoup plus de geſtes, que celles qui ſont d'un tempérament plus tranquille & plus patient.

Hor. Les *François*, & ſurtout les *Portugais* nous donnent une ſcène très-amuſante par la manière outrée dont ils geſticulent. J'ai été ſouvent ſurpris de voir les contorſions du viſage & du corps, ainſi que les étranges geſticulations des mains & des pieds, dont quelques-uns d'entr'eux accompagnent les diſcours les plus ordinaires. Dans mes voïages rien ne m'a plus choqué, que l'action & la véhémence avec laquelle parlent la plupart des Etrangers, même les Perſonnes de qualité, lorſqu'ils diſputent, ou qu'ils diſcutent quelque ques-

question. Avant que j'y fusse accoutumé, j'étois toujours sur mes gardes, parce que je ne doutois point qu'ils ne fussent en colère. Aussi m'est-il souvent arrivé d'examiner en moi-même ce qui avoit été dit, pour voir s'il s'étoit rien passé dont je dusse me sentir offensé.

Cleo. Tout cela est dû à l'ambition naturelle, & au desir que les Hommes ont à triompher, & à amener les autres à leur opinion. Rien n'est plus propre à éblouïr les petits Esprits, que de hausser & de baisser la voix à propos. De tous le charmes il n'en est point de plus puissant que celui-là. L'élevation de la voix n'aide pas moins à donner de la force au discours, que l'action. Souvent on est assez heureux pour cacher, par ce bruit & par ce grand fracas, une inexactitude de stile, un solécisme, & même une faute contre le bon-sens. Plus d'une fois un argument a paru convainquant, quoiqu'il tirât toute sa force de la véhémence avec laquelle on l'avoit proposé. Un ton animé est fort utile pour empêcher qu'on ne s'apperçoive de la foiblesse des expressions.

Hor. Je suis charmé que la mode de parler bas soit établie en *Angleterre*, parmi les Personnes bien élevées : car je ne puis souffrir que l'on criaille, ni que l'on se donne tant de mouvemens quand on parle.

Cleo. La coutume que vous condamnez, est cependant plus naturelle que l'autre. Pour prendre un ton bas, &

pour ne pas s'actionner en parlant, il faut y avoir été formé & par les préceptes, & par l'exemple. Si même on ne contracte pas cette habitude dès l'enfance, il est bien difficile de s'y faire dans la suite. C'est cependant ce qu'il y a de plus aimable & de plus raisonnable dans les Belles Manières. Il n'est point d'invention dans l'art de flatter, qui fasse plus d'honneur au Genre Humain, que cette coutume. Lorsque quelqu'un, s'adressant à moi d'une manière posée, sans faire aucun geste ni aucun autre mouvement de la tête ou du corps, continue à me parler d'un ton de voix simple & uni, sans le hausser ni le baisser; il me montre, d'un côté, une modestie qui me charme; de l'autre, il me donne un éloge flatteur par l'opinion qu'il semble avoir de moi. Cette conduite me donne lieu de m'imaginer, qu'il croit que les passions n'ont aucun pouvoir sur mon esprit, & que la Raison est mon unique guide. Peut-il exciter de pensée plus agréable? Il paroît avoir une haute idée de mon discernement, puisqu'il souhaite que j'examine & que je pèse de sang froid ce qu'il dit. Pour agir de cette manière avec quelqu'un, il faut être pleinement persuadé du bon-sens, de la droiture, & du jugement de celui à qui on s'adresse.

Hor. Quoique je n'eusse jamais poussé mes réflexions aussi loin, j'ai cependant

dant toujours admiré cette manière simple de parler.

Cleo. J'avoue que la manière laconique & nerveuse dont notre Nation s'exprime, contribue beaucoup à donner de la force & de la beauté à notre Langue: cependant il ne faut pas douter, qu'elle ne doive aussi une bonne partie de sa perfection à la tranquilité particulière avec laquelle on parle en *Angleterre* depuis plusieurs années. Coutume qu'on voit plus universellement règner parmi le Beau Monde, qui, dans tous les païs, est sans-contredit la partie du Genre Humain qui raffine le plus le Langage.

Hor. Pour moi je croïois qu'il falloit atttribuer la perfection du Langage aux Prédicateurs, aux Auteurs des Poëmes Dramatiques, aux Orateurs, & aux meilleurs Ecrivains.

Cleo. Ces différens ordres d'Auteurs tirent le meilleur parti qu'ils peuvent, des expressions qui sont déjà marquées au coin du Beau Monde. C'est la Cour où est la seule & la véritable fabrique des mots & des phrases. Dans chaque Nation le Monde Poli règle à sa fantaisie les manières de parler, c'est à lui qu'appartient *jus & norma loquendi*. Les termes d'Art, il est vrai, sont sous la direction des Artistes, & des Marchands respectifs, qui en font usage les prémiers, & dans le sens propre & littéral, pour exprimer les choses qui concernent leurs occupations: mais

il

il n'appartient qu'à la Cour, & au Beau Monde de donner la vogue à ces mêmes expressions prises dans un sens métaphorique, ou aux termes qu'on emprunte de toute Langue soit morte, soit vivante. S'ils n'ont pas prémièrement la marque des Personnes de qualité, & qu'ils viennent à se produire sans leur sanction, ces termes sont ou bas, ou pédantesques, ou surannés. Ainsi les Orateurs, les Historiens, & tous ceux qui vendent des mots en gros, sont obligés de se servir d'expressions déjà établies. C'est dans le trésor de l'Usage, qu'ils peuvent prendre & choisir tout ce qui leur convient : mais il ne leur est pas plus permis de fabriquer de nouveaux mots, qu'il ne l'est à un Banquier de fabriquer de la monnoie.

HOR. Tout cela ne me fait point comprendre quel desavantage il pourra y avoir pour le Langage, ou pour sa perfection, soit qu'on parle haut, soit qu'on parle bas ; & si ce que je dis actuellement étoit rendu public, il n'y auroit qu'un Sorcier, qui dans six mois d'ici pût connoître en le lisant, s'il a été proposé à haute voix, ou chucheté.

CLEO. Je suis persuadé que lorsque des Personnes habiles s'accoutument à ne jamais parler haut, ils influent sur le Langage, & ils le rendent avec le tems expressif & nerveux.

HOR. Comment cela ?

CLEO. Si une Personne, se reposant
uni-

uniquement sur ses expressions, ne cherchoit pas davantage à émouvoir l'Auditeur par sa prononciation, que s'il lisoit ce qu'il dit, quel en seroit le résultat ? Les Hommes s'appliqueroient infailliblement à penser avec force & avec clarté; ils tâcheroient d'acquérir un stile pur, serré & pressé, leurs expressions deviendroient énergiques & élégantes.

Hor. Voilà qui me paroît un peu trop recherché;& d'ailleurs je ne vois pas comment il en pourroit résulter l'effet que vous dites.

Cleo. Je suis sûr que vous serez de mon avis, si vous faites réflexion que tous les Hommes, en parlant, desirent également, & qu'ils font tous leurs efforts pour persuader les autres, & pour gagner la cause qu'ils défendent, soit qu'ils parlent haut ou bas, soit qu'ils gesticulent ou non.

Hor. Le parler, dites-vous, a été inventé pour persuader ; je crains bien que vous ne fassiez trop de fond sur ce principe; on s'en sert certainement dans bien d'autres vues.

Cleo. Je ne le nie pas.

Hor. Lorsque des Personnes se querellent, s'injurient, & se choquent les unes les autres par d'insipides railleries, quel est leur but ? Veut-on engager les autres à avoir plus mauvaise opinion d'eux-mêmes, qu'on ne suppose qu'ils n'en ont? Si

cela

cela est, je crois que l'on réussit rarement à les persuader.

Cleo. En disant des injures à quelqu'un, nous montrons un certain plaisir à lui faire connoître avec ostentation le peu de cas que nous en faisons. Ceux qui tiennent ces discours injurieux, tâchent souvent de faire croire qu'ils pensent moins avantageusement de ceux qu'ils injurient, qu'ils ne font réellement.

Hor. *Qu'ils pensent moins avantageusement, qu'ils ne font.* Comment cela paroit-il?

Cleo. Par la conduite, & par la méthode ordinaire que tiennent ceux qui se querellent, & qui en injurient d'autres. Non contens de découvrir, & d'exagérer les défauts & les imperfections de leurs Adversaires, ils tombent encore sur ce que leurs Parens ou leurs Amis peuvent avoir de ridicule ou de méprisable. Leur langue n'épargne ni leurs occupations, ni leur parti, ni leur patrie. On les voit répéter avec joie les malheurs ou les accidens qui sont arrivés à leur famille. La Providence, *disent-ils*, a bien fait voir combien elle étoit juste, puisqu'elle les traite suivant leur mérite. On les charge, comme d'une chose avérée, de tous les crimes dont ils ont pu être soupçonnés. Ils appellent tout à leur secours; simples soupçons, rapports peu vraisemblables, calomnies manifestes; souvent même ils leur reprochent des choses qu'ils
ont

ont reconnu dans d'autres occasions être fausses.

Hor. D'où vient que le Vulgaire de tous les païs est si porté à dire des injures ? Il faut qu'il y trouve quelque plaisir que je ne conçois pas. Dites-moi, je vous prie, quelle satisfaction, ou quel autre avantage les Hommes peuvent en attendre, ou en retirer ? Dans quelle vue profèrent-ils ces paroles outrageuses ?

Cleo. La cause réelle, & le motif intérieur qui détermine les Humains à maltraiter quelqu'un de paroles, & à vomir des injures contre lui, c'est prémièrement pour soulager leur colère, qu'ils ne pourroient pas cacher, ni étouffer sans beaucoup de peine. Ils veulent, en second lieu, vexer d'une manière sensible leur Ennemi, en même tems qu'ils auront plus d'espérance de l'impunité qu'ils n'auroient pu raisonnablement en avoir, s'ils lui avoient causé des maux un peu plus considérables, qui fussent punis par les Loix. Mais cette coutume n'a jamais eu lieu, & on n'y a jamais pensé, avant qu'on eût porté le Langage à un haut point de perfection, & la Société à un certain degré de politesse.

Hor. Il est assez plaisant d'assurer que ces basses railleries sont une suite de la politesse.

Cleo. Vous en direz ce qu'il vous plaira. Toujours est-il certain que dans son origine c'est un vrai subterfuge pour éviter

ter un combat, dont il pourroit résulter de plus grands inconvéniens : car personne n'eut jamais appellé un autre Coquin, ou Fripon, si, dégagé du joug & maître absolu de sa conduite, il n'eût point été arrêté par quelque crainte. Lors donc que les gens s'injurient sans passer à des voies de fait, c'est une preuve qu'ils sont retenus par de très-bonnes Loix, qu'ils craignent d'enfreindre en employant la force & la violence ouverte. L'Homme qui, content de satisfaire sa passion par des paroles, ne donne point de coups, montre qu'il commence à être un assez bon membre de la Société, on peut presque dire qu'il est à moitié civilisé. Il n'a pas d'abord pu s'abstenir des voies de fait, sans qu'il lui en ait couté bien de la peine. Car la manière la plus commune, la plus promte, & la plus simple de donner l'essor à sa colère, & de l'exprimer, que la nature nous apprend, c'est de se battre. La méthode que les Créatures Humaines suivent à cet égard, ne diffère point de celle des autres Animaux, comme nous pouvons le remarquer dans les Enfans qui, âgés de deux ou trois mois, n'ont jamais vu personne de mauvaise humeur. A cet âge même ils vous égratigneront, ils vous donneront des coups de tête, de poings & de pieds, si quelque chose irrite leur colère ; passion que la moindre cause peut aisément exciter, & la plupart du tems d'une étrange manière.

nière. Souvent ce sera la faim, la douleur, ou d'autres maux dont ils sont intérieurement affectés. Je suis pleinement persuadé qu'ils font tout cela par instinct, par un principe inséparable de la structure ou du méchanisme de leur corps, avant qu'on remarque chez eux aucun indice d'Esprit ou de Raison. La Nature leur apprend la manière de combattre qui est particulière à notre espèce ; & je ne doute point que les Enfans ne se servent de leurs bras à ce dessein, aussi naturellement que les Chevaux ruent, les Chiens mordent, & les Taureaux frappent de leurs cornes. Je vous demande pardon de cette digression.

Hor. Elle étoit assez naturelle : mais si elle avoit été moins longue, vous n'auriez pas eu le plaisir de donner un coup de dent à la Nature Humaine, que vous n'épargnez jamais.

Cleo. Nous n'avons point d'Ennemi plus dangereux, que la Vanité qui naît avec nous. Aussi l'attaquerai-je toujours pour la mortifier, toutes les fois que l'occasion s'en présentera. Car si l'on est bien persuadé que les plus Grands Hommes ont acquis les excellentes qualités qui les distinguent si glorieusement, on ne manquera pas de faire beaucoup de cas de l'Education, & on ne négligera rien pour s'en procurer une bonne. Rien n'est plus propre à montrer l'absolue nécessité qu'il y a d'être bien instruit dès la tendre enfance, que

que l'expofition des défauts & des foibleffes qui font une fuite inféparable de la fimple Nature.

Hor. Revenons à notre fujet. Si, en parlant, on fe propofe furtout de perfuader, les *François* nous ont furpaffé de beaucoup ; leur Langue a quelque chofe de très-féduifant.

Cleo. Elle eft fans-contredit telle pour un *François*.

Hor. Et pour toute perfonne qui ne manque pas de goût. Ne trouvez-vous pas qu'elle a quelque chofe de fort engageant ?

Cleo. Oui, pour celui qui fait un Dieu de fon ventre ; car elle eft très-riche en termes de Cuifine, & dans tout ce qui concerne le boire & le manger.

Hor. Mais badinage à part, ne croïez-vous pas que la Langue *Françoife* foit plus propre à perfuader, que la nôtre ?

Cleo. Je crois qu'elle vaut mieux pour flatter & pour enjoller quelqu'un.

Hor. Je ne puis point découvrir le fin d'une diftinction fi fubtile.

Cleo. La manière dont vous parlez de la Langue *Françoife*, ne renferme aucune idée de reproche. Vous ne lui attribuez abfolument rien d'injurieux ; puifque les plus favans & les plus intelligens peuvent, fans en être blâmés, fe laiffer perfuader tout comme les plus ignorans & les plus ftupides. Mais ceux qu'on croit pouvoir gagner par des flatteries & par des cajolleries, font

pour

pour l'ordinaire supposés être des personnes d'un petit génie, & de peu de sens.

Hor. Mais, je vous prie, venons au fait. A quelle de ces deux Langues donnez-vous la préférence ? Est-ce à l'*Anglois*, ou au *François*?

Cleo. Il n'est pas aisé de décider cette question. Rien n'est plus difficile que de comparer les beautés de deux Langues. Souvent on méprise dans l'une, ce qui est extrêmement goûté dans l'autre. A cet égard le *Pulchrum* & l'*Honestum*, le *Beau* & l'*Honnête* varie, & diffère même partout, suivant la différence du génie des Peuples. Mais sans m'ériger en juge, voici ce que j'ai communément observé dans ces deux Langues. Toutes les expressions favorites du *François* ont quelque chose de flatteur & de mignard ; au lieu qu'on admire surtout, dans l'*Anglois*, les façons de parler qui font impression par leur énergie.

Hor. N'y a-t-il pas à présent un peu de partialité dans votre jugement ?

Cleo. Je ne le crois pas ; mais si cela étoit, il n'y auroit pas grand mal. L'intérêt de la Société exige que l'on se préoccupe en faveur de certaines choses. Il n'y auroit aucun inconvénient à craindre, quand on seroit porté à aimer sa propre Langue, par le même principe qui porte tous les Hommes à aimer leur Patrie. Les *François* nous honorent du titre de *Barbares* ; mais nous leur rendons le change,
en

en leur donnant l'épithète de *Flatteurs*. Je ne crois pas le prémier; qu'ils croient donc du second ce qu'ils voudront. Vous rappellez-vous ces six vers du *Cid*, qui, à ce qu'on dit, méritèrent à Corneille un présent de six-mille *Livres*.

Hor. Je m'en souviens fort bien.

Mon père est mort, Elvire, & la prémière épée
Dont s'est armé Rodrigue a sa trame coupée.
Pleurez, pleurez mes yeux, & fondez-vous en
 eau,
La moitié de ma vie a mis l'autre au tombeau,
Et m'oblige à venger après ce coup funeste,
Celle que je n'ai plus sur celle qui me reste †.

Cleo. Cette même pensée, exprimée avec toute l'élégance qu'elle a en *François*, seroit sifflée par des Lecteurs *Anglois*.

Hor. Vous ne faites point l'éloge du goût de votre Patrie *.

Cleo. Je n'en sai rien. On peut, sans avoir le goût dépravé, ne pas concevoir d'abord, comment *la moitié de sa vie a mis l'autre au tombeau*. Pour moi, j'avoue qu'il m'a fallu quelque peine pour le comprendre. Cette phrase est trop énigmatique

† Le Cid, Tragédie de P. Corneille, Acte III, Scène III.

* Cléomène représente dans ces Dialogues Mandeville, Auteur de la Fable des Abeilles; il étoit *François* d'origine.

que pour entrer dans la Poësie Héroïque.

HOR. N'appercevez-vous donc aucune délicatesse dans cette pensée ?

CLEO. Oui; mais elle est trop fine, c'est une toile d'Araignée, elle n'a aucune force.

HOR. J'avois toujours admiré ces Vers, mais vous venez de m'en dégoûter. D'ailleurs j'y découvre, ce me semble, un autre défaut, beaucoup plus considérable que celui dont vous avez fait mention.

CLEO. Quel est-il ?

HOR. L'Auteur y fait dire à son Héroïne un fait qui est faux. *La moitié de ma vie*, dit CHIMENE, *a mis l'autre au tombeau, & m'oblige à venger* &c. Quel est le nominatif du verbe *oblige* ?

CLEO. *La moitié de ma vie.*

HOR. *La moitié de ma vie m'oblige à venger*, me paroît renfermer une erreur: car *la moitié de sa vie*, dont il s'agit ici, est RODRIGUE son Amant. Or comment cet Amant l'oblige-t-il à se venger ?

CLEO. Parce qu'il a tué son Père.

HOR. Non, CLEOMENE, cette manière d'excuser ce Poëte n'est point du tout bonne. Le malheur qui accable CHIMENE, naît du Dilemme qu'elle fait, en considérant d'un côté son amour, & de l'autre son devoir. Le devoir inexorable la presse & la sollicite vivement d'employer avec zèle tout son crédit, & toute son éloquence, pour faire punir ce Meurtrier, que

Tome IV.   M   l'amour

l'amour lui rend plus cher que la vie. Ainſi c'eſt cette moitié, qui, couchée dans le tombeau, n'exiſtoit plus; ce ſont les manes de ſon Père, & non RODRIGUE, qui l'obligeoient à demander juſtice. Si RODRIGUE avoit été le fondement de ſon obligation, il n'auroit pas été difficile de l'en diſpenſer; & pour en être dégagée, il n'auroit point été néceſſaire que *ſes yeux euſſent pleuré*, & ſe fuſſent *fondus en eau*.

CLEO. Je vous demande pardon, ſi je ne ſuis pas de votre ſentiment à cet égard.

HOR. Conſidérez donc, je vous prie, ſi c'étoit l'amour, ou l'honneur, qui engageoit CHIMENE à demander juſtice contre RODRIGUE.

CLEO. C'eſt auſſi ce que je fais; mais malgré cela je ne ſaurois m'empêcher de croire que l'Amant, en tuant le Père de CHIMENE, ne l'ait obligé à le pourſuivre, de la même manière qu'un Homme qui ne ſatisfait point ſes Créanciers, les oblige à l'arrêter; ou comme nous dirions à un Fat, qui chercheroit à nous choquer par ſes diſcours: *Si vous continuez, Monſieur, vous m'obligerez à en venir à des extrémités qui ne vous feront pas plaiſir.* Cependant le Débiteur ſe ſoucie peut-être auſſi peu d'être arrêté, & le Fat de ces fâcheuſes extrémités dont on le menace, que RODRIGUE ſe ſoucioit d'être pourſuivi.

HOR. Je ſuis perſuadé que vous avez raiſon, ainſi je demande pardon à *Corneille.*

SIXIEME.

le. Mais je souhaite à-préfent que vous continuïez ce que vous vouliez encore me dire fur ce qui regarde la Société. Quels font les autres avantages que les Peuples retirent de l'invention des Lettres? Vous avez déjà parlé de deux, de la perfection de leur Langage, & de celle de leurs Loix.

CLEO. L'ufage de l'Ecriture contribue à l'avancement & à la perfection de toutes les Inventions en général, puifqu'il empêche qu'aucune Découverte utile ne foit enfevelie dans l'oubli. Lorsque les Loix font bien connues, & qu'une approbation générale en facilite l'exécution, on peut entretenir une affez bonne concorde entre les Membres d'une même Société. C'eft alors feulement qu'on fent combien la fupériorité de l'Entendement Humain, comparée avec celui des autres Animaux, contribue à la Sociabilité de l'Homme. Avant ce tems-là, & dans l'état fauvage, c'étoit au contraire cette fupériorité qui empêchoit cette union plus que toute autre chofe.

HOR. Comment cela, je vous prie? Je ne vous comprends point.

CLEO. Prémièrement, la fupériorité d'Entendement dont l'Homme eft revêtu, le rend beaucoup plus capable de fentir le chagrin & la joie, & de conferver ces fentimens avec une plus grande vivacité, que ne le peuvent toutes les autres Créatures. En fecond lieu, elle lui donne ne plus d'industrie pour se procurer du plaisir à lui même, c'est-à-dire, qu'elle lui fournit une plus grande variété de motifs, pour le mettre en mouvement dans toutes les occurrences, que n'en trouvent les autres Animaux, qui ont moins de capacité. D'ailleurs cette supériorité d'Entendement, nous donnant de la pénétration, fait naître en nous des espérances; au lieu que les autres Créatures n'en ont que très-peu, qui ont même uniquement pour objet des choses qui tombent actuellement sous leurs sens. Ce sont-là tout autant de raisons & d'argumens dont l'amour-propre se sert pour nous rendre contens, & patiens au milieu du grand nombre de desagrémens qu'il faut essuïer afin de pourvoir à des besoins très-pressans. Cette supériorité d'Entendement est d'un usage infini à l'Homme, qui en naissant se trouve Membre d'un Corps Politique, puisqu'elle lui donne un amour excessif pour la Société: mais si à sa naissance il n'a pas trouvé le Corps Politique déjà formé, le même talent, la même supériorité d'Entendement devoit de toute nécessité donner à l'Homme, élevé & nourri dans l'état de simple Nature, une aversion insurmontable pour la Société, & une plus grande opiniâtreté à conserver sa liberté sauvage, que n'en sauroit avoir aucune autre Créature, dont les besoins seroient en aussi grand nombre.

Hor. Je ne sai que vous répondre. Vous
expri-

exprimez d'une manière si claire & si juste vos idées, que je suis forcé d'y donner mon assentiment. Vos opinions me paroissent cependant bien étranges. Comment par ces ouvertures entrez-vous dans la connoissance du Cœur Humain? Quelle route faut-il suivre pour acquérir l'habileté de décomposer la Nature Humaine, lorsqu'on veut l'examiner?

Cleo. On doit distinguer scrupuleusement les qualités excellentes qu'un Homme accompli a réellement acquises. Par cet examen impartial, on peut s'assurer que tout ce qu'on trouvera chez lui qui n'aura point été acquis, tirera son origine de la Nature. C'est faute de séparer comme il faut ces deux choses, & de les considérer séparément, qu'on est venu à avancer tant d'absurdités sur ce sujet. Pour prouver que l'Homme est propre à vivre en Société, on lui a attribué des qualités dont il n'auroit jamais été revêtu, s'il n'avoit été élevé dans le Corps Politique, dans un Etablissement Civil, fondé depuis plusieurs centaines d'années. Mais ceux qui flattent notre espèce, ont grand soin d'éloigner cela de notre vue. Bien loin de séparer les qualités acquises de celles qui sont naturelles, bien loin de les distinguer les unes des autres, ils prennent beaucoup de peine pour les unir & pour les confondre.

Hor. Pourquoi? Je ne vois point qu'en celails flatt ent notre espèce, puisque

que c'est la même personne qui possède les talens acquis, comme les naturels ; les prémiers ne peuvent non plus être séparés de lui-même, que les derniers.

Cleo. Il n'est rien de si proche de l'Homme, ou qui lui appartienne plus réellement & plus absolument, que ce qu'il tient de la Nature ; & lorsque ce cher lui-même, pour l'amour de qui il estime ou méprise, aime ou hait toutes choses sans exception, vient à être dépouillé & séparé de toutes ses qualités acquises, la Nature Humaine reste bien pauvre, & fait une triste figure. Notre nudité paroît alors, ou du-moins nous nous trouvons dans un deshabillé si négligé, que nous ne voulons pas que personne nous voie dans un état si pitoïable. Pour ne point paroître tels, nous tâchons de nous revétir clandestinement & de nous orner de tout ce que nous possédons, il suffit qu'on y trouve quelque degré d'excellence. Nous nous *identifions* même avec nos richesses, avec notre crédit, & avec toutes les faveurs de la Fortune. Si nous en sommes en possession, ou que nous y aïons quelque droit, nous n'aimons pas à être considérés abstractivement de ces objets. De même on remarque que les personnes qui se sont poussées dans le monde, n'entendent pas avec plaisir qu'on parle de leur origine basse & obscure.

Hor. Ce n'est point-là une règle générale.

Cleo.

Cléo. Je le crois cependant, quoiqu'il puisse y avoir des raisons qui produisent, ou qui donnent lieu à quelques exceptions. Supposons un Homme qui, faisant gloire de ces talens, n'a rien pour se faire estimer, que son esprit, sa pénétration, sa sagacité, sa diligence & son assiduïté; il peut arriver qu'il rabaissera ses parens avec beaucoup d'ingénuïté, & cela à dessein de relever son mérite, qui lui a procuré son avancement. Mais s'il parle ainsi de sa famille, ce n'est ordinairement qu'en présence de ses Inférieurs, dont il veut diminuer par-là l'envie, & qui loueront la candeur & l'humilité qu'il fait paroître, en déclarant lui-même cette basse origine, qui semble obscurcir sa réputation. Mais s'il se trouve en compagnie avec ses Supérieurs, qui s'estiment pour leurs familles, jamais vous ne le verrez toucher cette corde. Il souhaiteroit aussi dans le fond du cœur, que sa parenté fût totalement inconnue, toutes les fois qu'il se rencontre avec ses Egaux en titre, mais qui sont au dessus de lui par leur naissance. Il sait fort bien que ceux-ci le haïssent à cause du poste qu'il occupe, & qu'ils le méprisent à cause de sa basse extraction. Mais voici une méthode plus abrégée pour prouver la vérité que j'ai avancée. N'est-il pas, je vous prie, contre les Belles Manières de dire à une personne, qu'elle est issue de bas lieu, ou seulement de l'insinuer, lorsqu'on sait qu'elle est du Vulgaire?

Hon.

Hor. Je ne dis pas le contraire, c'est-là effectivement une impolitesse.

Cleo. Cela seul ne montre-t-il pas quelle est l'opinion des Hommes sur cet article ? Nous ne manquons pas de regarder comme des choses avantageuses à nos personnes d'illustres Ancêtres, tout ce qui peut nous faire estimer & honorer, ou en un mot avoir le moindre rapport avec nous. Nous souhaitons même tous, que les autres les envisagent comme des choses qui nous appartiennent en propre.

Hor. Cependant *Ovide* ne pensoit pas de cette manière, lorsqu'il dit, ,, qu'il ,, ne sauroit presque appeller nôtres, ,, une Famille, des Ancêtres, & en gé- ,, néral quoi que ce soit dont nous ne ,, sommes pas les auteurs " *.

Cleo. Voilà sans-doute une belle preuve de modestie, dans un discours où *Ovide* tâche de prouver que *Jupiter* étoit son Bisayeul. Que signifie la théorie, lorsqu'un Homme fait tout l'opposé dans la pratique ? Avez-vous jamais vu personne qui prît plaisir à s'entendre donner le nom de Bâtard, quoiqu'il fût redevable de sa naissance & de son élevation à l'impudicité de sa Mère ?

Hor. Je croîois que par les choses
ac-

---

* *Nam genus, & proavos, & quæ non fecimus ipsi,*
Vix ea nostra voco. ———
Ovid. Metamorph. Lib. XIII.

acquifes vous vouliez parler des Connoiſſances & de la Vertu. Comment êtes-vous venu à parler de la naiſſance & de l'extraction?

Cléo. Pour vous faire voir que les Hommes ne veulent pas qu'on ſépare d'eux-mêmes les choſes qui ſont propres à leur donner du relief, quand même elles n'auroient que peu ou point de relation avec leurs perſonnes. Il n'étoit point de meilleur moïen pour vous convaincre qu'il eſt peu vraiſemblable que nous aimions à être conſidérés indépendamment de ce qui nous appartient réellement, & des qualités qui, de l'avis des plus vertueux & des plus ſages, font les ſeules choſes pour lesquelles nous devions nous eſtimer. Les perſonnes accomplies ont honte de l'état bas & abject où ils étoient avant que d'atteindre à cette perfection; plus même ils ſont civiliſés, & plus ils croient qu'il leur eſt injurieux de laiſſer voir leur nature toute nue, & dépouillée de ce qu'elle a d'acquis. Les Auteurs les les plus exacts rougiroient, s'ils voïoient dans les Ouvrages qu'ils font imprimer, toutes les choſes qu'ils en ont effacées avant que de les publier, & qu'ils ont réellement eu dans l'eſprit autrefois. C'eſt pour cela qu'on peut avec raiſon les comparer à des Architectes, qui ne laiſſent voir leurs Bâtimens, qu'après en avoir ôté l'échafaudage. Tous les ornemens qui ont été inventés, montrent le cas que

nous

nous faisons des choses qui servent à nous donner quelque relief. Ne croïez-vous pas que ceux qui pour la première fois ont emploïé le rouge ou le blanc pour se plâtrer le visage, & qui ont fait usage des prémiers faux cheveux, aïent été fort secrets, & qu'ils se soient proposés d'en imposer?

Hor. Le fard est aujourd'hui regardé en *France*, comme une partie essentielle de l'ajustement d'une Femme, le Beau Sexe n'en fait plus aucun mistère.

Cleo. Il est ainsi de toutes les supercheries de cette nature, dès-qu'elles deviennent si connues qu'il n'y a plus moïen de les couvrir. Nous en avons un exemple dans les perruques, que l'on porte publiquement par toute l'*Europe*. Mais si ces choses n'étoient point connues, & que ce fussent des secrets renfermés entre un petit nombre de gens, la Coquette, dont le teint est basané, souhaiteroit de tout son cœur qu'on prît pour sa véritable couleur le plâtre dont elle se couvre ridiculement le visage. De même le Petit-Maître qui est chauve, seroit charmé qu'on s'imaginât que la perruque si bien ajustée qu'il porte, est sa chevelure naturelle. Personne n'a jamais mis de dents postiches, que pour cacher la perte que sa bouche a soufferte.

Hor. Mais les lumières ne font-elles pas réellement partie de l'Homme?

Cleo. Sans-contredit, tout comme sa po-

politesse ; mais ces choses n'appartiennent pas plus à sa nature, que la belle montre d'or, ou le superbe diamant dont il se sert habilement pour faire estimer & respecter sa chère personne. Ceux qui sont le plus admirés par le Monde poli, parce qu'ils se plaisent à tirer vanité des ornemens extérieurs, & qu'ils entendent fort bien la manière de s'habiller à leur avantage, seroient au desespoir, si on n'envisageoit pas comme une partie d'eux-mêmes, leurs habits & l'habileté qu'ils ont à se bien mettre. Que dis-je ! C'est cette seule partie qui, avant qu'ils soient connus, leur donne entrée dans les meilleures Compagnies, & même dans les Cours des Princes. Il est manifeste que pour y être admis, ou pour en être exclus, je parle des Hommes & des Femmes, on n'en juge que sur leurs habits. On ne fait aucune attention, ni à leur mérite intrinsèque, ni à leur génie.

Hor. Je vous entends. C'est l'amour excessif que nous avons pour ce *nous-mêmes*, que nous avons bien de la peine à définir, qui nous a d'abord fait naître la pensée d'orner nos personnes ! & lorsque nous avons pris le pénible soin de corriger, de polir & d'embellir la Nature, le même amour-propre nous empêche de laisser voir l'objet orné, séparé de ses ornemens.

Cleo. La raison en est claire. C'est le même *nous-mêmes* que nous aimons, & a-

vant

vant qu'il soit orné, & après qu'il est orné. Or tout ce qu'on reconnoit y avoir été ajouté, paroît nous rappeller notre nudité *originelle*, & nous reproche nos besoins naturels ; je veux parler des imperfections & de la bassesse où nous naissons. On ne sauroit disconvenir qu'il n'y a point de courage plus utile dans la Guerre, que celui que nous tenons de l'art : cependant le Soldat qui par air & par étude a su acquérir de la bravoure, ne pourroit souffrir avec patience, après s'être conduit vaillamment dans deux ou trois batailles, qu'on dît que sa valeur n'est pas naturelle ; quand même toutes ses Connoissances, & lui-même, se souviendroient du tems où il étoit un *fieffé Couard*.

Hor. Mais puisque l'amour, l'affection, & la bienveillance que nous avons naturellement pour notre espèce, n'est pas plus grand que celui que les autres Créatures ont pour la leur, d'où vient, je vous prie, que l'Homme donne de cet amour, dans mille occasions, des preuves plus marquées, qu'aucun autre Animal ?

Cleo. Faut-il s'en étonner ? Cela vient de ce qu'il n'y a point d'Animal qui ait autant de capacité & de facilité pour cela. Vous pourriez faire la même question sur sa haine. Plus un Homme a de connoissances & de richesses, & plus il peut faire sentir aux autres les effets de la passion
dont

dont il est affecté, que cette passion soit amour ou haine. Moins un Homme est civilisé, moins il est éloigné de l'état de simple Nature, & moins aussi il est maître des mouvemens que lui inspire son amour.

Hor. On trouve plus d'honnêteté, & moins de tromperies parmi les Nations simples, grossières & sauvages, que parmi celles qui sont plus rafinées & plus artificieuses. Si donc j'avois voulu chercher un amour sincère & une affection cordiale, je me serois adressé à ceux qui vivent encore dans la simplicité naturelle, plutôt qu'à tout autre.

Cleo. Vous parlez de sincérité : mais l'amour dont suivant moi un Homme sauvage est moins le maître qu'un Homme civilisé, a été supposé également réel & sincère dans l'un & dans l'autre. Les personnes artificieuses peuvent revêtir les apparences de l'amour, & affecter une amitié qu'ils n'ont point. Mais aussi ils peuvent être saisis par la passion & par les appétits naturels, tout comme les Sauvages, quoiqu'ils les assouvissent d'une manière fort différente. Ceux qui sont bien élevés se conduisent fort différemment des Sauvages, dans le choix du manger ou du boire, & dans la manière dont ils prennent leurs repas : on voit la même différence dans leurs amours, lors même que la faim & la concupiscence se font également sentir dans les uns & dans les autres.

Un

Un Homme artificieux, que dis-je! le plus rufé de tous les Hypocrites, quelque grand que foit d'ailleurs fon manque de fincérité, peut aimer fa Femme & fes Enfans avec autant de cordialité, que pourroit les aimer l'Homme le plus fincère. Il s'agit à préfent de vous prouver que les bonnes qualités qu'on attribue fi généreufement à notre nature & à toute notre efpèce, font dues à l'art & à l'éducation. Ce qui fait que ceux qui ne font pas civilifés font moins en état de diriger les mouvemens de l'amour, c'eft que leurs paffions font plus inconftantes & plus paffagères que celles des perfonnes bien élevées, qui ont apris à fe procurer leurs aifes, à jouïr des douceurs de la vie, à s'impofer des Loix, à fe laiffer conduire par le *Decorum* lorfqu'ils y trouvent des avantages, & fouvent à s'expofer à de petits inconvéniens pour en éviter de plus grands. Vous trouvez rarement dans la conduite du Vulgaire & de ceux qui n'ont reçu qu'une vile éducation, quelque fuite, quelque liaifon, quelque proportion durable. Une Homme & une Femme qui s'aiment réellement, fe donneront les témoignages les plus marqués de leur affection, & une heure après ils fe brouilleront pour une bagatelle: & s'il y en a plufieurs qui foient miférables, il n'en faut point chercher la caufe ailleurs que dans leur manque de manières & de difcrétion. L'un parlera souvent sans avoir aucun mauvais dessein, & par imprudence, jusques à ce qu'il aura excité la bile de l'autre: & comme ils ignorent tous deux l'art de reprimer ce prémier mouvement, ou de l'étouffer, bientôt ils se querelleront. Le Mari battra sa Femme; la Femme versera des larmes, qui toucheront si vivement le Mari, qu'il sera fâché d'avoir poussé les choses si loin. La paix se fera, & ils seront aussi bons amis qu'auparavant, ils prendront même la résolution sincère de ne jamais plus se quereller à l'avenir, & se promettront avec toute la sincérité imaginable que ce sera pour la dernière fois de leur vie. Toutes ces diverses révolutions peuvent leur arriver en moins d'une demi-journée, & elles seront peut-être répétées chaque mois, & même plus souvent, à proportion des sujets de disputes qui se présenteront, & du plus ou moins de panchant qu'ils auront l'un & l'autre à la colère. L'affection ne sauroit long-tems rester la même entre deux personnes qui ne sont pas artificieuses: les meilleurs Amis qui vivroient toujours ensemble, se brouilleroient bientôt, si de part & d'autre ils ne se conduisoient avec beaucoup de discrétion.

Hor. J'ai toujours été de votre opinion. De tout tems j'ai été dans la pensée que plus les Hommes étoient civilisés, & plus ils étoient heureux. Mais
com-

comme il n'y a que le tems qui puisse polir les Nations, & que le Genre Humain doit nécessairement avoir été misérable, avant que les Loix de la Société aïent été rédigées par écrit, sur quel fondement les Poëtes, & les autres Auteurs s'étendent-ils si fort sur les éloges du Siècle d'Or ? Comment peuvent-ils assurer qu'il y eut dans ces anciens tems une paix si constante & une amitié si sincère ?

CLEO. Par la même raison que les Faiseurs de Généalogies donnent d'illustres Ancêtres à des Gens obscurs, & dont l'extraction est inconnue. Comme il n'est aucun Mortel d'une illustre famille qui ne s'estime pour son origine, ainsi on ne sauroit manquer de plaire à tous les Membres d'une Société, en exaltant la vertu & le bonheur de leurs Ancêtres. Enfin quelles bornes voulez-vous donner aux fictions des Poëtes ?

HOR. Vous parlez fort clairement, & avec beaucoup de liberté contre toutes les Superstitions *Païennes*, & vous ne vous laissez imposer par aucune fraude qui en tire son origine. Mais dès-qu'il s'agit de quelque sujet qui fait partie de la Religion *Juive* ou de la *Chrétienne*, vous êtes aussi crédule que le Vulgaire ignorant & prévenu.

CLEO. Je suis fâché que vous aïez de semblables idées sur mon compte.

HOR. Ce que je dis est un fait. Un Homme

me qui est prêt de jurer tout ce qui est dit de *Noé* & de son Arche, ne doit pas rire de l'Histoire de *Deucalion* & de *Pyrrha*.

Cleo. Est-il aussi croïable que les Créatures Humaines soient sorties des pierres qu'un vieux Homme & une veille Femme jettoient par dessus leurs têtes; qu'il l'est qu'un Homme & sa Famille aient été conservés avec un grand nombre d'Oiseaux & de Bêtes, dans un grand Vaisseau construit dans ce dessein?

Hor. Il y a sans-doute de la partialité dans vos jugemens. Quelle si grande différence trouvez-vous entre une pierre & une masse de terre, qui rend la masse de terre plus propre à devenir une Créature Humaine, que le bloc de pierre? Je puis tout aussi bien concevoir comment une pierre a pu être changée en Homme ou en Femme, que concevoir comment un Homme ou une Femme ont pu être changés en pierre. Je ne trouve pas plus étrange qu'une Femme ait été changée en arbre, comme on le dit de *Daphné*, ou en marbre comme *Niobé*; que si elle avoit été métamorphosée en colomne de sel, comme l'a été la Femme de *Lot*. Permettez que je vous fasse quelques questions.

Cleo. Mais ce sera à condition que je parlerai à mon tour.

Hor. Oui, oui, je vous le promets. Croïez-vous *Hésiode*?

Cleo. Non.

Hor. Les Métamorphoses d'*Ovide*?

Cleo. Non.

Hor. Vous croïez cependant l'Histoire d'*Adam*, d'*Eve*, & du *Paradis*.

Cleo. Assurément.

Hor. Qu'ils furent autrefois produits, & créés tous deux dans leur grandeur naturelle. L'Homme fut tiré de la terre, & la Femme fut formée d'une des côtes d'*Adam*.

Cleo. Je crois tout cela.

Hor. Et qu'aussi-tôt qu'ils furent faits ils parlèrent, raisonnèrent, & eurent leur esprit doué de connoissances.

Cleo. Fort bien.

Hor. En un mot, vous croïez l'innocence, les délices, & toutes les merveilles qu'un seul Homme a rapporté du Paradis, tandis que vous refusez d'ajouter foi à des faits qui nous sont enseignés par un grand nombre de Personnes ; je veux parler de la droiture, de la concorde, & du bonheur qui règnoient dans l'Age d'Or.

Cleo. Rien n'est plus vrai.

Hor. Permettez-moi de vous faire connoître l'absurdité qu'il y a dans un jugement aussi partial. *En prémier lieu*, les choses naturellement impossibles que vous croïez, sont contraires à votre propre Doctrine, aux idées que vous avez proposées & que je crois très vraies. En effet, vous avez prouvé qu'il n'étoit pas possible qu'un Homme parlât naturellement, & sans avoir appris à parler ; que le raisonnement, la réflexion, & la

pen-

penſée nous venoient par degrés; & enfin que nous ne connoiſſons rien que ce qui avoit été porté & communiqué à notre cerveau par les organes des ſens. *En ſecond lieu*, il n'y a abſolument rien de contraire à la vraiſemblance dans tout ce que vous rejettez comme fabuleux. L'Hiſtoire & notre expérience journalière nous apprennent que preſque toutes les guerres, & les querelles particulières, qui ont dans tous les ſiècles troublé le Genre Humain, ſe ſont élevées à l'occaſion de la ſubordination, & de la diſtinction entre le *tien* & le *mien*; & par conſéquent il y a eu des querelles & des conteſtations, avant que la fourberie, la cupidité & la tromperie ſe fuſſent gliſſées dans le Monde, avant que les titres d'honneur, & la diſtinction entre le Serviteur & ſon Maître, fuſſent connus. Qui auroit empêché une multitude d'Hommes modérés de jouïr de tout en commun, ſans diſputes, & dans une amitié & une concorde inaltérable? Ne pouvoient-ils pas vivre contens du fruit de la terre, raſſemblés en un terroir fertile & un climat heureux? Pourquoi ne croïez-vous pas cela?

CLEO. Parce qu'il eſt incompatible avec la nature des Créatures Humaines, qu'un nombre conſidérable puiſſent jamais vivre enſemble bien unis, à moins qu'il n'y ait des Loix & un Gouvernement. Le terrain, le climat aura beau être auſſi excellent que vous pourrez vous l'imaginer, en vain ils auront tout à souhait, jamais ils ne resteront longtems unis. Mais *Adam* étoit l'ouvrage de Dieu même, sa production a été surnaturelle. Son langage, ses connoissances, sa bonté & son innocence sont tout aussi miraculeux, que sa formation.

Hor. En vérité, Cleomene, vous êtes insupportable de courir aux miracles, lorsque nous parlons philosophiquement. Pourquoi ne suivez-vous pas la même route, lorsqu'il s'agit de l'Age d'Or ? Dites aussi que les Peuples qui ont vécu dans ce tems-là, étoient heureux par miracle.

Cleo. Il est plus probable qu'un miracle ait produit en un certain tems marqué un Homme & une Femme, de qui tout le reste du Genre Humain est sorti par les voies naturelles, qu'il ne le seroit de dire que, par une suite continuée de miracles, plusieurs générations d'Hommes ont pu vivre & agir d'une manière contraire à leur nature. Car cela suit évidemment de l'idée que nous avons de l'Age d'Or & de celui d'Argent. Dans les Livres de *Moïse*, le prémier Homme qui est né par les voies naturelles, le prémier qui soit né de Femme, en portant envie à son Frère & en le tuant, donna un exemple bien frappant de ce que peut le desir de dominer, que j'ai dit appartenir à notre nature.

Hor.

Hor. Vous seriez fâché de passer pour un esprit crédule, cependant vous croïez toutes ces Histoires, celles-là mêmes qui, au jugement de quelques-uns de nos Théologiens, sont ridicules, si on les entend littéralement. Mais je n'insisterai pas davantage sur l'Age d'Or, pourvu que vous abandonniez les idées que vous avez sur le Paradis. Un Homme de sens, & un Philosophe, ne sauroit pas plus croire l'un que l'autre.

Cleo. Ne m'avez-vous pas dit que vous receviez le Vieux & le Nouveau Testament?

Hor. Jamais je n'ai dit que je crusse tout ce que ces Livres contiennent, pris dans le sens littéral. Mais pourquoi, sur quel fondement croïez-vous qu'il y ait jamais eu quelque miracle?

Cleo. Parce que je ne saurois m'en empêcher, & je vous promets de ne jamais prononcer le mot de miracle en votre présence, si seulement vous me pouvez faire voir qu'il est possible que l'Homme ait été produit, & qu'il ait commencé à vivre dans le Monde sans miracle. Pensez-vous donc qu'il y ait eu un Homme qui se soit fait lui-même?

Hor. Non sans-doute; il y a dans cette idée une contradiction manifeste.

Cleo. Il est donc évident que le prémier Homme doit avoir été fait par quelque chose: & ce que je dis de l'Homme, peut également être dit de la Matière, &

du Mouvement en général. La doctrine d'*Epicure*, que tout a tiré son origine du concours & du mêlange fortuit des Atômes, est monstrueuse, & surpasse en extravagance toutes les autres folies qui aient jamais été débitées.

Hor. On n'a cependant point de preuve démonstrative pour réfuter l'opinion de ces Philosophes.

Cleo. Si quelqu'un s'avisoit de soutenir que le Soleil n'est pas passionnément amoureux de la Lune, il n'y auroit point non plus de démonstration pour le lui prouver. Cependant je crois qu'il est plus indigne de l'entendement humain de croire l'un & l'autre, que de croire la plus puérile de toutes les Histoires qui aient jamais été contées des Fées & des Esprits.

Hor. Mais n'y a-t-il pas un Axiôme qui tient beaucoup de l'évidence mathématique, *Ex nihilo nihil fit*, de rien il ne se fait rien? Or cet Axiôme ne combat-il pas directement, & ne détruit-il pas la Création de rien? Comprenez-vous comment quelque chose peut venir de rien?

Cleo. Je ne comprends pas plus cela, je l'avoue, que je ne comprends l'Eternité, ou la Divinité elle-même. Mais lorsque je ne saurois comprendre ce que ma raison m'assure devoir nécessairement exister, c'est-là une Démonstration, & un Axiôme, qui me prouve très-évidemment que c'est la faute de ma capacité, & des bornes étroites de mon entendement. Le

peu

peu que nous connoiſſons du Soleil & des Etoiles, de leur grandeur, de leur diſtance & de leurs mouvemens, & les lumières plus claires que nous avons des parties les plus groſſières & les plus viſibles des Animaux, de leur économie & de leur ſtructure, nous perſuadent que tout cela eſt l'effet d'une Cauſe intelligente, qui par ſa ſageſſe en a conçu le plan, & qui par ſa puiſſance l'a mis en exécution.

Hor. Quelque grande que ſoit cette ſageſſe, quelque vaſte que ſoit cette puiſſance, toujours ſera-t-il impoſſible de concevoir que ces deux facultés puiſſent ſe déploïer, s'il n'y a point d'objets ſur lesquels elles puiſſent agir.

Cleo. Ce n'eſt pas la ſeule choſe qui ſoit vraie, & que nous ne pouvons concevoir. Comment l'Homme eſt-il venu à exiſter? Cependant nous exiſtons actuellement. La chaleur & l'humidité ſont les effets certains d'une cauſe manifeſte; & quoique ces qualités dominent dans les Minéraux, auſſi-bien que dans les Animaux & les Végétables, cependant elles ne ſauroient produire un ſeul brin d'herbe, s'il n'y a prémièrement de la ſemence.

Hor. Comme & nous-mêmes, & toutes les choſes que nous voïons, nous faiſons inconteſtablement partie d'un certain tout, quelques-uns ſont dans la penſée que ce tout, le τὸ πᾶν, l'Univers, exiſte de toute éternité.

Cleo. Ce Syſtême n'eſt ni plus ſatisfaiſant,

fant, ni plus intelligible que celui d'*Epicure*, qui prétend que tout vient du Hazard, & des mouvemens aveugles des Atômes insensibles. Lorsque nous voïons des choses que notre raison nous enseigne n'avoir pu être produites sans une sagesse & une puissance qui surpasse de beaucoup notre compréhension, il ne sauroit rien y avoir de plus contraire & de plus opposé à cette même raison, que la pensée que ces Objets qui portent des preuves si manifestes de sagesse & de puissance, pourroient être coëternels avec la Sagesse & la Puissance même qui les a conçu & exécuté. C'est-là néanmoins le *Spinosisme* en abrégé: Doctrine qui, après avoir été négligée plusieurs années, commence à reprendre le dessus, tandis que les Atômes tombent dans le décréditement. Pour ce qui est de l'Athéïsme & de la Superstition, il y en a de différentes espèces, qui ont leurs périodes & leurs révolutions : elles reparoissent après avoir été long-tems cachées.

Hor. Pourquoi unissez-vous des choses qui sont diamétralement opposées ?

Cleo. Il y a entr'elles plus d'affinité que vous ne vous l'imaginez. Elles ont souvent la même origine.

Hor. Quoi? l'Athéïsme & la Superstition ?

Cleo. Oui. Ces deux vices viennent de la même cause, je veux dire de la même foiblesse d'esprit, de la même incapacicité à discerner la vérité, & d'une ignorance naturelle de l'Essence Divine. Ceux qui dès leur plus tendre jeunesse ont été imbus des principes de la vraie Religion, & qui dans la suite ont été négligés à cet égard, risquent beaucoup de tomber dans l'un ou dans l'autre de ces vices. La différence de leur tempérament, leur différent tour d'esprit, les diverses circonstances où ils seront placés, & les Compagnies qu'ils fréquenteront, les jetteront diversement, mais infailliblement, dans l'un ou dans l'autre. Les petits Génies, ceux qu'on a élevé dans une crasse & stupide ignorance, & les Personnes de basse condition, celles qui sont exposées aux traits de la fortune, celles qui sont gênées dans leurs principes, les Gens qui avec un petit génie sont avares, sont tous naturellement portés à la Superstition, & en sont aisément susceptibles. Il n'est absurdité si grossière, ni contradiction si évidente, que la Populace, la plupart des Joueurs & dix-neuf Femmes sur vingt, ne puissent digérer & croire sur les Causes invisibles. Aussi voit-on que le gros d'une Nation n'est jamais entachée d'Irreligion, & que les Peuples les moins civilisés sont en même tems les plus crédules. Les Personnes qui ont des talens, de l'esprit, & qui sont capables de penser & de réfléchir; les Défenseurs de la Liberté; ceux qui s'appliquant aux Mathématiques & à la Philosophie Naturelle, cherchent un peu trop à approfondir ; les Personnes généreuses & desintéressées qui vivent dans l'aise & dans l'abondance, courent au contraire grand risque de tomber dans l'Incrédulité, si pendant la jeunesse leur éducation a été négligée, & qu'on n'ait pas eu un soin particulier de les affermir dans les principes de la vraie Religion. Cela arrivera surtout à des Personnes de ce caractère, qui auront une vanité & une suffisance poussées jusqu'à un certain point. Il est même presque certain, qu'elles deviendront Athées ou Sceptiques, si elles ont par malheur l'occasion de faire connoissance avec des Incrédules.

Hor. La méthode d'éducation que vous recommandez pour soumettre les Hommes à une Opinion, peut être très-propre à faire des Bigots, & à augmenter le crédit des Prêtres. Mais si l'on se propose de former de bons Sujets & d'honnêtes Gens, il faut inspirer à la Jeunesse de l'amour pour la Vertu, la remplir de sentimens de Justice & de Probité, & lui donner de vraies notions sur l'Honneur & sur la Politesse. Ce sont-là les vrais spécifiques pour guérir la nature de l'Homme, & pour détruire en lui les principes sauvages de Souveraineté & d'Amour-propre, qui corrompent son cœur, & qui le rendent si mauvais. Pour ce qui est de la méthode que vous prescrivez, de prévenir de bonne heure les Esprits sur les ma-
tiè-

tières de Religion, & de forcer la Jeuneſſe à croire, il me paroît qu'il y a en cela plus de partialité & d'abſurdité, que de les laiſſer dépréoccupés & libres de préjugés, juſqu'à ce qu'ils aïent atteint l'âge mûr, & qu'ils ſoient capables de juger & de ſe déterminer par eux-mêmes.

Cleo. C'eſt le plan également beau & impartial dont vous parlez avec tant d'éloge, qui a de tout tems produit & augmenté l'Incrédulité. Rien n'a plus contribué à propager le Déïſme dans ce Roïaume, que le relâchement qui eſt ſurvenu dans l'éducation ſur les Matières Sacrées : car vous ſavez que c'eſt la mode parmi les Perſonnes de diſtinction.

Hor. Notre principal ſoin doit être de procurer l'avantage du Public ; & je ſuis très-perſuadé que ce n'eſt ni la bigotterie, ni l'attachement pour une Secte, mais une honnêteté générale, une droiture qui ne ſe dément jamais, & une bienveillance mutuelle, qui contribuent à faire fleurir la Société.

Cleo. Je ne recommande point la Bigotterie ; & dans tous les lieux où la Religion Chrétienne ſera enſeignée comme il faut, il n'eſt pas poſſible que la probité, la droiture & la bienveillance y ſoient jamais négligées. Que dis-je ! il n'eſt aucune de ces vertus qui puiſſent paſſer pour ſincères, ſi elles ne procèdent de ce principe. Tout Homme qui ne croit pas la Vie à venir, ne doit point ſe croire obligé d'ê-
tre

tre sincère pendant la Vie présente; un serment même ne sauroit le lier.

Hor. Qu'y a-t-il, je vous prie, dans un Hypocrite qui l'autorise à violer un serment ?

Cleo. On ne reçoit point le serment d'un Homme, s'il est connu qu'il l'ait une fois faussé. Il est impossible que je puisse être trompé par un Hypocrite, lorsqu'il m'avertit qu'il l'est; & je ne croirai jamais qu'un Homme est Athée, à moins qu'il ne l'avoue lui-même.

Hor. Je ne crois pas qu'il y ait des Athées dans le monde.

Cleo. Il n'est pas raisonnable de disputer sur les mots ; mais notre Déïsme moderne ne donne pas meilleure opinion de la sincérité de ses Sectateurs, que l'Athéisme. Un Homme qui reconnoissant l'Existence de Dieu, & même une prémière Cause intelligente, n'est d'aucun usage ni à lui-même, ni aux autres, s'il nie une Providence & une Vie à venir.

Hor. Après tout, je ne crois pas que la Vertu soit plus compatible avec la Crédulité qu'avec l'Incrédulité.

Cleo. La Vertu devroit être plus compatible avec la Crédulité, & même elle le seroit, si nous étions constans avec nous-mêmes: & si les Hommes étoient dirigés dans leurs actions par les principes où ils sont, & par les idées qu'ils professent, tous les Athées seroient des Scélérats du prémier ordre, tandis que les Superstitieux seroient des

Saints

Saints à canoniser. L'expérience dément ces conjectures. Il se trouve des Athées d'une saine Morale, & des Superstitieux qui sont de grands Fripons. Que dis-je! je ne crois pas qu'il y ait de scélératesse dont l'Athée le plus vicieux puisse se rendre coupable, à laquelle un Homme superstitieux ne se puisse aussi abandonner. Je n'en excepte pas même l'impiété: car rien de plus commun aux Joueurs & aux Gens de néant, que de faire des imprécations, quoique ces gens-là croient aux Esprits, & qu'ils aient peur du Démon. Je n'ai pas de la Superstition une meilleure opinion, que de l'Athéisme: aussi mon but étoit-il de nous prémunir, & de nous mettre en garde contre l'un & l'autre de ces principes; & il n'est point à mon avis d'antidote naturel & humain aussi puissant & aussi efficace contre ces deux poisons, que celui que j'ai indiqué. Pour ce qui est de notre descente d'*Adam*, je ne voudrois pas être un Croïant, & cesser en même tems d'être une Créature raisonnable. Voici donc ce que j'ai à répondre sur ce sujet. Nous sommes certains que l'Entendement Humain a ses bornes; & à l'aide de la plus légère réflexion, nous pouvons également nous convaincre que ce sont uniquement les bornes étroites où notre entendement est renfermé, qui nous empêchent de découvrir notre origine par le secours de notre pénétration. Cela étant ainsi, nous devons conclure que pour

con-

connoître au juste notre origine, dont la découverte nous est de grande importance, il faut que nous croïions quelque chose. Il ne s'agit plus que de savoir qui nous devons croire, & quelles sont les choses sur lesquelles nous recevrons ce témoignage. Si je ne pouvois vous démontrer que *Moïse* a été divinement inspiré, vous seriez forcé de convenir qu'il n'est jamais rien arrivé de plus extraordinaire, qu'un Homme dans un siècle très-superstitieux, élevé parmi les Idolâtres les plus grossiers, parmi des Personnes qui avoient de la Divinité les notions les plus abominables, ait jamais pu, sans aucun secours surnaturel, & par sa propre capacité, découvrir les choses les plus cachées, & les vérités les plus importantes. Car non seulement *Moïse* avoit une profonde connoissance de la Nature Humaine, come cela paroît par le Décalogue; mais encore il savoit que l'Univers avoit été tiré de rien, il connoissoit l'unité & l'immense grandeur d'une Puissance invisible qui a créé l'Univers; il enseignoit ces vérités aux *Israélites* quinze siècles avant qu'il y eût sur la Terre aucune Nation aussi éclairée. De plus, il est incontestable que l'Histoire que nous donne *Moïse* du commencement du Monde, & de l'origine du Genre Humain, est la plus ancienne & la plus vraisemblable de toutes celles que nous connoissons; & que ceux qui ont écrit après lui sur le même sujet, paroissent pour la plupart avoir assez mal copié cet ancien Écrivain. Enfin on ne sauroit disconvenir, que les circonstances qui semblent n'avoir pas été tirées de *Moïse*, & qu'on trouve dans *Sommona-Codom*, *Confucius* *, & autres, ne soient moins raisonnables, & cinquante fois plus extravagantes & incroïables, que tout ce qui est révélé dans le *Pentateuque*, en faisant même abstraction de la Foi & de la Religion. Après donc avoir pesé chaque Système qui a été proposé, nous trouverons que puisque nous avons eu un commencement, rien n'est plus raisonnable ou plus convenable au bon-sens, que de tirer notre origine d'un Etre dont la puissance incompréhensible nous a créés, & qui a été le prémier Moteur de toutes choses.

HOR. Je n'ai jamais entendu personne qui eût de la Divinité des idées plus relevées, & des sentimens plus nobles que ceux que vous faites paroître de tems en tems. Lorsque vous lisez les Ecrits de *Moïse*, dites-moi, je vous prie, si vous ne trouvez pas diverses choses dans le Paradis Terrestre, & dans la Conversation de Dieu avec *Adam*, qui vous paroissent basses, indignes de la Divinité, incompatibles avec les idées sublimes que nous nous formons communément de l'Etre Suprême ? CLEO.

---

* Ce sont deux Philosophes fameux, le prémier chez les *Siamois*, & le second chez les *Chinois*.

Cleo. Je l'avoue sans peine: non seulement j'ai autrefois pensé ainsi, mais encore pendant long-tems j'ai été embarrassé de cette difficulté. Mais je considère d'un côté, que plus les Connoissances Humaines se perfectionnent, & plus la Sagesse Divine paroît parfaite & accomplie dans toutes les choses que nous pouvons connoître. D'un autre côté je m'apperçois que les Découvertes qu'on a faites jusques-ici, soit par hazard, soit par habileté, sont peu de choses, considérées ou par rapport à leur nombre, ou par rapport à leur importance, si on les compare à la multitude de Vérités encore plus importantes qui jusques à nos jours sont restées couvertes d'un voile épais & impénétrable. Remplis de ces idées, je ne puis m'empêcher de croire que les choses que nous regardons comme des imperfections & des défauts, ne soient fondées sur des raisons très-sages, qui sont actuellement, & qui peut-être seront à jamais inconnues aux Hommes.

Hor. Mais pourquoi ne pas se débarrasser de ces difficultés ? Rien n'est plus facile que de les résoudre, en disant avec le Docteur *Burnet*, & divers autres, que toutes ces choses sont des allégories, qui doivent être entendues dans un sens figuré.

Cleo. Je ne blâme point cette méthode, je louérai toujours les soins que se donneront les Savans pour tâcher de concilier les Mystères de notre Religion
avec

avec la Raison Humaine, & de les rendre probables. Mais je suis fermement dans la pensée, qu'il n'est personne qui puisse rejetter quoi que ce soit de tout ce qui est dit dans le *Pentateuque*, entendu dans le sens le plus littéral. Je défie tout Esprit Humain de faire, ou d'inventer une Histoire, la mieux concertée qu'on le voudra, sur la manière dont l'Homme est venu dans le Monde, contre laquelle on ne puisse faire des objections aussi fortes que jamais les Ennemis de notre Religion en aïent fait contre le récit qu'en donne *Moïse* ; pourvu qu'on me permît de prendre à l'égard de leur Histoire, reconnue pour controuvée, la même liberté qu'ils prennent à l'égard de la Bible, avant que d'apporter le moindre argument capable d'en ébranler la véracité.

Hor. Cela peut fort bien être : mais comme c'est l'Age d'Or qui nous a conduits à cette longue digression, nous reviendrons à notre sujet, si vous m'en croïez. Combien de tems, combien de générations faudra-t-il, à votre avis, pour rendre civilisée une Nation qui descendroit d'un Couple aussi sauvage que celui que vous avez supposé ?

Cleo. Il n'est pas facile de le déterminer, ou plutôt la chose est impossible. De ce que j'ai dit jusqu'à présent, il est manifeste que la Famille qui sortiroit d'une pareille souche, seroit divisée, réunie, & dispersée plusieurs fois, avant que le

Tome IV.   O   tout

tout, ou quelque partie eût pu acquérir quelque degré de Politesse. Les Gouvernemens les mieux constitués sont sujets à des révolutions, & il faut plusieurs choses réunies pour retenir des Hommes sauvages assez long-tems ensemble afin de les rendre une Nation civilisée.

Hor. La formation d'une Nation n'est-elle pas due en bonne partie à la différence qu'il y a dans l'esprit & le génie du Peuple ?

Cleo. Il n'est rien de tout ce qui dépend du Climat, qui ne soit bientôt corrigé par un habile Gouvernement. Le courage & la poltronnerie dépendent absolument de l'exercice & de la discipline. Les Arts & les Siences naissent rarement avant les Richesses, ils fleurissent plutôt ou plus tard, suivant l'habileté des Conducteurs, l'état du Peuple, & les occasions qu'il a de se perfectionner : mais le prémier de ces points est le capital. C'est une grande tâche, que de conserver, au milieu de diverses Personnes dont les vues sont différentes, la paix & la tranquilité, & de les faire travailler à l'intérêt commun. Il n'est rien dans toutes les affaires humaines qui demande une plus vaste connoissance, que l'Art de gouverner.

Hor. Suivant votre Système cela doit être encore plus difficile, que de protéger les Hommes contre la Nature Humaine.

Cleo. Ce seroit-là une chose bien difficile, avant que l'on eût exactement connu
la

la Nature. Il n'y a que le tems qui puisse découvrir le vrai usage des passions, & former un Politique qui fasse servir toutes les foiblesses des Membres pour donner de la force à tout le Corps, & qui par une conduite adroite puisse tourner *les vices des Particuliers à l'avantage du Public.*

Hor. Ce doit être une chose très-avantageuse à un siècle, quand il y est né plusieurs Personnes extraordinaires.

Cleo. La grandeur du génie ne contribue pas autant à former de bons Legislateurs, que l'expérience. *Solon, Lycurgue, Socrate & Platon* ont tous voïagé pour acquérir ces connoissances, qu'ils ont communiquées aux autres. Les Loix les plus sages que les Hommes ont inventées, sont pour l'ordinaire dues aux subterfuges dont des Scélérats se servent pour éluder par leurs artifices la force des Ordonnances antérieures, qui avoient été faites avec peu de précaution.

Hor. Je crois que l'invention du Fer, & l'art de tirer des Métaux des Mines, ont beaucoup contribué à perfectionner la Société. Sans cela les Hommes n'auroient point d'outils pour l'Agriculture.

Cleo. Le Fer est certainement d'une grande utilité. Mais les Coquilles, les Cailloux, & le Bois durci au feu peuvent aisément tenir la place du Fer; si seulement les Humains peuvent avoir la paix, vivre tranquiles, & jouïr du fruit de leurs labeurs. Auriez-vous jamais cru qu'un

Homme qui auroit été privé des deux mains, eût pu se faire la barbe à lui-même, former bien les lettres, coudre & se servir d'aiguille & de fil avec les pieds ? Nous en avons cependant été témoins. Quelques Personnes de nom ont dit que les Habitans du *Mexique* & du *Pérou* avoient toutes les marques d'un Peuple très-récent; parce que lorsque les *Européens* vinrent chez eux pour la prémière fois, ces *Américains* ne connoissoient presque aucune des choses qui nous paroissent très-faciles à inventer. Mais quand on considère qu'il n'y avoit personne dont ils pussent emprunter la moindre découverte, & qu'ils manquoient entièrement de Fer, on doit s'étonner comment ils ont pu s'élever au point de perfection où nous les avons trouvés. *Prémièrement* il est impossible de savoir combien de tems les Multitudes se sont inquietées réciproquement, avant que la découverte de l'Ecriture ait mis en état de coucher par écrit des Loix. Les grands vuides que l'on apperçoit dans l'Histoire, nous apprennent, *en second lieu*, qu'il y a plusieurs évènemens, & plusieurs espaces de tems, dont la mémoire s'est absolument perdue. Les guerres & les divisions peuvent détruire les Nations les plus civilisées en les dispersant, & causer dans les Arts & dans les Siences les mêmes ravages qu'elles causent sur les Villes & sur les Palais. Le violent desir que tous les Hommes apportent

tent en naissant pour dominer, sans en avoir la capacité, a été une source abondante de Bien & de Mal. Les invasions & les persécutions qui ont mêlé & dispersé notre Espèce, ont produit d'étranges changemens dans le Monde. Quelquefois elles ont divisé de vastes Empires en plusieurs parties, qui ont produit de nouveaux Roïaumes & de nouvelles Principautés. Dans d'autres occasions on a vu de grands Conquérans ranger sous leur domination, dans l'espace de peu d'années, des Nations différentes. La décadence de l'Empire *Romain* seule a pu nous apprendre que les Arts & les Siences périssent plus aisément, & se perdent beaucoup plutôt que les Bâtimens & les Inscriptions : nous avons vu qu'un déluge d'ignorance pouvoit couvrir la face de certains Païs, sans qu'ils fussent devenus déserts.

Hor. Mais qu'est-ce enfin qui élève des Villes opulentes, & des Nations puissantes de si petits commencemens ?

Cleo. La Providence.

Hor. Mais la Providence met en usage des moïens visibles : je cherche les instrumens par lesquels elle opère.

Cleo. Vous avez pu voir dans la Fable des Abeilles les principales choses qui sont nécessaires pour agrandir les Nations. La Politique, l'Art du Gouvernement est absolument bâti sur la connoissance de la Nature Humaine. Le but que doit principalement se proposer un Politique, est d'un côté d'encourager, & même, s'il se peut, de récompenser toutes les actions bonnes & utiles ; comme aussi de punir, ou tout au moins de décourager tout ce qui est nuisible & contraire à la Société : & pour particulariser les objets principaux de ses soins continuels, il devroit faire tout son possible pour bannir la Colère, la Convoitise & l'Orgeuil, qui peuvent produire une infinité de maux : & non seulement cela, mais il doit encore donner ses ordres pour prévenir & pour détruire toutes les machinations & les artifices infinis, que l'Avarice & l'Envie peuvent mettre en usage pour porter du préjudice au Prochain. Si vous souhaitez d'être convaincu de ces vérités, occupez-vous pendant un mois ou deux à considérer & à examiner en détail tous les Arts, toutes les Siences, tous les Commerces, tous les Métiers, & toutes les Occupations qu'on voit dans une Ville comme *Londres* ; faites ensuite attention sur toutes les Loix, les Défenses, les Ordonnances, & les Restrictions qu'on a jugé absolument nécessaires pour empêcher & les Particuliers, & les Communautés composées de personnes dont les emplois sont si différens ; *prémièrement*, de rompre la paix publique, & de troubler la prospérité de la Nation ; *secondement* de se faire du tort les uns aux autres, soit par des voies directes & ouvertes, soit

par

par des voies indirectes & cachées. Cet examen détaillé vous apprendra que le nombre de clauses & des conditions inventées pour diriger, comme il faut, une Ville grande & florissante, surpassent tout ce que l'imagination la plus vive pourroit se former. Cependant elles tendent toutes au même but, je veux dire à plier, à reprimer & à dissiper les passions desordonnées, & les foiblesses pernicieuses de l'Homme. Vous trouverez d'ailleurs, & c'est ce qu'il y a ici de plus admirable, que la plus grande partie des articles de cette immense quantité de Règles paroissent partir d'une sagesse consommée, dèsqu'elles sont bien entendues.

Hor. Comment donc des Règlemens si sages auroient-ils été faits, s'il n'y avoit eu des Personnes distinguées par leurs talens & par leur génie ?

Cleo. De toutes les choses dont je parle, il y en a fort peu qui soient l'ouvrage d'un seul Homme, ou d'une seule Génération. Pour la plupart, elles sont le produit & l'ouvrage réunis de plusieurs siècles. Rappellez-vous ce que j'eus l'honneur de vous dire dans notre troisième conversation sur l'Art de construire des Vaisseaux, & sur celui de la Politesse. La sagesse en question n'est point le fruit d'un entendement pénétrant, ou de quelques méditations profondes; mais elle tire sa source d'un discernement éclairé, acquis par une longue expérience

& formé par un grand nombre d'obſervations faites ſur les affaires du Monde. Cette eſpèce de ſageſſe, jointe au tems, pourra amener les choſes à un point de perfection, qu'il n'y aura pas plus de difficulté à gouverner une vaſte Ville, qu'il n'y en a, pardonnez-moi la baſſeſſe de la comparaiſon, à faire des bas au métier.

Hor. La comparaiſon eſt aſſurément fo... baſſe.

Cleo. Cependant je ne ſache rien à quoi les Loix & les Conſtitutions d'une Ville bien ordonnée puiſſent être plus juſtement comparées, qu'à l'Art de faire des bas au métier. D'abord le métier paroît compliqué, & inintelligible : cependant les effets en ſont également exacts & beaux, & l'ouvrage auquel il contribue eſt d'une régularité étonnante : exactitude qui eſt ſurtout due, pour ne pas dire qu'elle eſt toute due à l'heureuſe invention de la machine. Car par ſon ſecours le plus habile Faiſeur de bas ne ſauroit nous fournir de meilleur ouvrage que le plus mal-adroit & le plus ſtupide Ouvrier, qui n'apprendroit ſa profeſſion que depuis ſix mois.

Hor. Toute baſſe que ſoit votre comparaiſon, il faut avouer qu'elle illuſtre conſidérablement votre penſée.

Cleo. Tandis que vous parliez, il m'en eſt venu dans l'eſprit une autre, qui eſt encore meilleure. Il eſt commun aujourd'hui d'hui d'avoir des Horloges qui jouent différens airs avec beaucoup d'exactitude. L'application & la peine qu'il a fallu avant que d'avoir amené cette découverte au point de perfection où elle est actuellement, ne peuvent qu'exciter notre étonnement. Combien de fois n'a-t-on pas été obligé de faire & de défaire l'Ouvrage ! Combien d'essais inutiles ! Il y a dans le Gouvernement d'une Ville florissante qui a subsisté pendant plusieurs siècles, quelque chose d'analogue à cela. Toutes les parties de ses constitutions, même les plus frivoles & les plus petites, ont demandé beaucoup de tems, de peine & de réflexions : & si vous étudiez l'histoire d'une telle Ville depuis ses commencemens, vous trouverez que le nombre des changemens, des corrections, des additions, des révolutions qui ont été faites, & dans les Loix & dans les Ordonnances par lesquelles on la gouverne, est prodigieux. Mais dès-qu'une fois ces Etablissemens ont été portés à une certaine perfection, & telle que l'art & la sagesse humaine peut leur procurer, alors la Machine joue presque d'elle-même, il ne faut pas plus d'habileté pour la faire marcher, qu'il n'en faut pour faire carillonner une Horloge. Lorsque la Constitution du Gouvernement d'une grande Ville est bien disposée, & que tout est en train, les Magistrats n'ont qu'à suivre le courant, & les affaires continuéront

ront pendant long-tems à aller comme il faut, quand même il n'y auroit parmi eux aucun Homme sage & entendu : il suffit que la Providence veille sur cette Ville, de la même manière qu'elle y a veillé jusqu'-à-présent.

Hor. Quand même j'accorderois que le Gouvernement d'une grande Ville est fort aisé, dès-qu'une fois il est bien établi, il ne s'ensuivroit point qu'il en fût de même des Etats & des Royaumes entiers. N'est-ce pas un grand bonheur pour une Nation, que toutes les Places d'honneur, & les prémiers Emplois soient remplis par des Personnes de mérite, de probité & de vertu, qui soient capables d'application ?

Cleo. Sans-doute : ajoutez-même de sience, & qui à beaucoup de modération & de frugalité joignent de la candeur & de l'affabilité. Mais examinez les choses aussi attentivement qu'il vous sera possible, toujours sera-t-il vrai que ces Places ne sauroient rester vuides, & que les Emplois doivent être remplis par ceux qu'on peut trouver.

Hor. Vous paroissez insinuer qu'il y a très-peu de Grands Hommes dans la Nation.

Cleo. Je ne parle point de notre Nation en particulier, mais de tous les Etats & Royaumes du Monde. Ce que je voulois dire, c'est que chaque Nation est intéressée à avoir son Gouvernement domestitique, & toutes les branches de l'Administration Civile si sagement disposées, que tout Homme d'une capacité & d'une réputation médiocre puisse être en état de desservir les plus grands Postes.

Hor. Cela est absolument impossible, au moins dans une Nation comme la nôtre. Comment feriez-vous pour avoir des Juges & des Chanceliers ?

Cleo. L'étude des Loix est fort pénible & fort ennuïante ; mais aussi la profession en est lucrative, on y attache de grands honneurs. D'où il suit très-naturellement, qu'il n'y a que peu de Personnes qui s'y distinguent, & encore ne sont-ce que des Personnes qui avec quelque talent ont eu beaucoup d'application. Or tout bon Légiste, qui n'est pas perdu de réputation pour sa friponnerie, peut toujours être bon Juge, dès-qu'il sera & assez vieux & assez grave pour se donner un air respectable. Il faut à-la-vérité de plus grands talens pour faire un Chancelier. Non seulement il doit être bon Légiste & Honnête Homme, on demande encore de lui une connoissance universelle, & une grande pénétration. Mais il n'y a qu'un Chancelier. Or ce que nous avons dit de la Loi, & du pouvoir que l'ambition & l'amour du gain ont sur le Genre Humain, me persuade qu'il est moralement impossible, suivant le cours des choses, que parmi ceux qui travaillent à la Chancelerie, il

ne

ne se rencontre toujours quelque Personne capable de garder les Sceaux.

Hor. Chaque Nation n'a-t-elle pas aussi besoin de Grands Hommes pour les Négociations publiques, & des Personnes de grande capacité pour remplir les fonctions d'Envoyés, d'Ambassadeurs & de Plénipotentiaires ? Ne doit-il pas y en avoir encore d'autres en Cour, qui soient en état de traiter avec les Ministres Etrangers ?

Cleo. Tout ce que vous dites-là est certain, toute Nation doit avoir de telles Personnes ; mais je m'étonne que les Compagnies que vous avez fréquentées, & en *Angleterre*, & dans les Païs étrangers, ne vous aïent pas convaincu, que les fonctions dont vous parlez ne demandent point des talens extraordinaires. Parmi les Gens de qualité qui sont élevés dans les Cours des Princes, tous ceux qui ont des talens médiocres doivent être adroits & entreprenans, qualités qui sont surtout d'usage dans les Conférences & dans les Négociations.

Hor. Une Nation aussi endettée à tous égards, & chargée de tant de taxes que la nôtre, demande des Personnes qui soient parfaitement au fait de tous ses fonds & de tous ses revenus. Or c'est-là une connoissance qu'on ne sauroit acquérir sans avoir de bons talens naturels, & sans une application soutenue. D'où je conclus que celui qui dirige les Affaires de la Trésorerie, occupe un Poste très-important,

&

& en même tems d'une difficulté infinie.

Cléo. Je ne suis point de cet avis. La plupart des Emplois Publics ont réellement moins de difficultés pour ceux qui les remplissent, que ne le croient ceux qui ne les ont jamais possédés, & qui ne peuvent les regarder que de loin. Si un Homme de sens voïoit pour la prémière fois, pendant une couple d'heures de suite, tourner deux ou trois broches bien garnies, & qu'il ne vît ni le tournebroche, ni les contrepoids, étrangement surpris de ce phénomène dont il n'auroit jamais ouï parler, ne croiroit-il pas qu'il faut une adresse peu commune pour produire un effet si merveilleux ? Il y a dix à parier contre un, qu'il auroit une plus grande opinion du Cuisinier & du Marmiton, qu'ils ne le mériteroient en effet. Dans tout ce qui regarde la Trésorerie, à-peine y en a-t-il la dixième partie qui dépende de l'habileté de ceux qui y travaillent; les neuf autres dépendent uniquement de la constitution de cette Chambre ; constitution qui a très-bien pourvu *prémièrement*, que les Personnes privilégiées, à qui le Roi en donneroit la Surintendance, ne fussent pas trop chargées, ni incommodées de leurs fonctions ; en *second lieu*, que l'Etat ne risquât pas beaucoup à se confier en eux. En divisant les fonctions d'un Emploi d'une très-grande étendue & les subdivisant, on rend si aisées & si déterminées les occupations de tous les Particuliers, qu'il n'est presque pas possible

ble qu'il y faſſe des fautes, pour peu qu'ils y ſoient accoutumés : & d'un autre côté, on a ſi bien limité leur pouvoir, on a ſi bien ménagé la confiance qu'on a en ce Corps, la fidélité de chacun des Officiers a été placée dans un ſi grand jour, que toutes leurs friponneries ſont d'abord découvertes. C'eſt ainſi que les Affaires les plus importantes & les plus compliquées peuvent être conduites ſurement, & expédiées par des Hommes ordinaires, qui mettent leur ſouverain bien dans les Richeſſes & dans le Plaiſir. Ce ſont-là les moïens par lesquels on conſerve dans un grand Emploi, & dans toutes ſes parties, une régularité & un ordre étonnant ; tandis que l'économie entière en paroît extraordinairement embarraſſée & compliquée, non ſeulement aux Etrangers, mais encore à la plus grande partie des Officiers qui y ſont emploïés.

Hor. Il eſt certain que le plan & l'économie de notre Tréſorerie a été merveilleuſement imaginé, pour prévenir les fraudes & les uſurpations de toute eſpèce : mais auſſi le Chef, qui met tout en mouvement, a une beaucoup plus grande liberté.

Cleo. Comment cela ? Le Tréſorier, ou ſi ſon Emploi eſt rempli par un Subdélégué, le Chancelier de l'*Echiquier* n'eſt pas moins ſujet aux Loix, & n'a pas plus le pouvoir de diſtraire des ſommes,

mes, que le plus petit Sécretaire qui travaille fous lui.

Hor. L'ordre du Roi ne les met-il pas à couvert de toute recherche?

Cleo. Oui, à l'égard des fommes dont le Roi a droit de difpofer, ou du païement de l'argent dont le Parlement a marqué l'ufage : mais pour tous les autres cas, l'ordre du Roi ne les difculpe point : de forte que fi le Roi, qui ne peut jamais faire de faute, étant trompé par quelqu'un, donnoit inconfidérément au Tréforier un ordre de livrer des fommes contraires à l'ordre, ou fans un ordre exprès de fes Commettans, le Grand-Tréforier en feroit refponfable.

Hor. Mais il y a d'autres Poftes, ou au moins il y en a toujours un de plus grande importance, & qui demande une plus vafte capacité qu'aucun de ceux que vous avez nommés.

Cleo. Je vous demande pardon. Comme l'Emploi de Chancelier, ou de Garde du Grand Sceau eft le plus haut en dignité, auffi fes fonctions demandent-elles plus d'habileté que tout autre.

Hor. Que dites-vous du Prémier Miniftre qui gouverne tout, & qui agit immédiatement fous le Roi?

Cleo. Cet Emploi n'eft point fondé fur notre Conftitution, qui a très-fagement divifé en diverfes branches le Gouvernement de l'Etat.

Hor. Qui donnera donc les ordres &
les

les instructions aux Amiraux, aux Généraux, aux Gouverneurs, & à tous nos Ministres dans les Cours étrangères ? Qui doit prendre soin des intérêts du Roi dans le Royaume, & de sa sureté ?

Cleo. Le Roi lui-même & son Conseil, sans lequel on a supposé que l'Autorité Roïale n'agissoit point, doivent avoir l'œil sur tout cela, & tout conduire; de manière que tout ce que le Roi ne trouve pas à propos d'exécuter par lui-même, regarde naturellement ceux à qui les Loix le donnent évidemment. Pour ce qui est des intérêts du Roi, ils sont les mêmes que ceux de la Nation. Il a des Gardes qui prennent soin de sa personne; & toutes les affaires, de quelque nature qu'elles soient, qui peuvent survenir ou dans le Royaume ou à la Nation, sont toutes sous la direction & l'inspection de quelqu'un des Grands Officiers de la Couronne, qui tous sont connus, distingués, & ornés de leurs titres respectifs ; & je puis vous assurer que parmi ces Officiers, il n'y en a aucun qui porte le nom de Prémier Ministre.

Hor. Mais pourquoi usez-vous avec moi de collusion & de prévarication ? Vous savez, Cleomene, & tout le monde le sait & le voit, qu'il y a un tel Ministre. Il seroit même très-facile de prouver que de tout tems il y en a eu de pareils : & dans la situation où sont les choses, il ne me paroît pas que le Roi puisse

puisse s'en passer. Dans le Royaume il y a une grande quantité de Personnes peu affectionnées au Gouvernement, & les Membres du Parlement doivent être choisis avec un grand soin. Il importe donc qu'on ait l'œil sur les Elections. Aujourd'hui, en un mot, il faut mille choses pour faire échouer les pernicieux desseins des mal intentionnés, & des mécontens, & pour empêcher le retour du *Prétendant*. Or tout cela ne demande-t-il pas une grande pénétration, des talens peu communs, aussi bien que du secret & de l'activité?

CLEO. Quelque sincère que puisse paroître la manière dont vous défendez ces choses, je suis très-persuadé, HORACE, par vos principes mêmes, que vous avez dessein de badiner. Ce n'est point à moi à juger de ce que demandent nos affaires: & comme je ne veux point gloser sur la conduite, & blâmer les actions des Princes & de leurs Ministres, aussi ne prétends-je ni justifier, ni défendre aucun Emploi, que ceux qui ont leur fondement dans la constitution de l'Etat.

HOR. C'est tout ce que j'attends de vous. Dites moi seulement, si vous ne croïez pas qu'un Homme qui a sur les bras, & qui peut porter ce pesant fardeau, & toutes les affaires de l'*Europe*, doive nécessairement être un génie prodigieux, dont la connoissance universelle sert à éclairer une habileté extraordinaire.

CLEO. Il est certain qu'une Homme,

revêtu d'une auſſi grande puiſſance, & d'une autorité auſſi étendue qu'en ont pour l'ordinaire ces Ministres, eſt néceſſairement obligé de faire belle figure, & de ſe diſtinguer au deſſus de tous les autres Sujets. Mais je ſuis d'avis qu'il y a toujours dans le Royaume cinquante Hommes, qui, s'ils étoient employés, ſeroient très-capables de remplir ce Poſte, & y brilleroient même après quelque expérience, en comparaiſon d'un qui ſeroit également propre à être Grand Chancelier de la *Grande-Bretagne*. Un Prémier Miniſtre a un avantage infini d'être tel, & d'être connu pour tel par tous les Corps, & d'être traité comme tel. Une Perſonne qui dans chaque Emploi, & dans toutes les parties de ces Emplois, a le pouvoir & la liberté de demander & de voir ce qu'il lui plaît, acquiert plus de connoiſſance, & peut parler de tout avec plus d'exactitude que toute autre Perſonne, quand même elle ſeroit beaucoup mieux verſée dans les Affaires, & qu'elle auroit dix fois plus de capacité. Il eſt preſque impoſſible qu'un Homme actif, qui a reçu quelque éducation, & qui ne manque ni d'eſprit ni de vanité, puiſſe jamais ne pas paroître ſage, vigilant & habile, lorſqu'il a l'occaſion de profiter, autant qu'il le ſouhaite, de la fineſſe & de l'expérience, de la diligence & du travail de tous ceux qui ſont employés dans le Gouvernement. Si d'ailleurs il a aſſez

d'ard'argent, il pourra entretenir une correspondance étroite dans tous les quartiers du Royaume, & connoître tout ce qui s'y passe: ainsi il n'y aura presque aucune Affaire Civile ou Militaire, Etrangère ou Domestique, dans laquelle il ne puisse avoir une très-grande influence, soit pour la faire réussir, soit pour la faire échouer.

Hor. Il me paroît qu'il y a beaucoup de vraisemblance dans ce que vous dites: mais, à vous dire vrai, je commence à soupçonner que si vous m'avez si souvent fait entrer dans votre opinion, cela vient de votre dextérité à placer les objets dans le point de vue où vous les avez vous-même vus, & de la grande habileté que vous avez pour avilir les choses estimables, & pour dire du mal du mérite.

Cleo. Je vous proteste que je parle très-sérieusement.

Hor. Lorsque je réfléchis sur tout ce qui se présente à mes yeux, & qui se passe tous les jours entre les Ministres d'Etat & les Politiques, je ne doute point que vous ne soïez dans l'erreur. Combien de stratagêmes, de moïens violens, & de finesses ne met-on pas en usage pour supplanter & éloigner les Prémiers Ministres? On emploie l'esprit & la fourberie, l'industrie & l'adresse pour donner un mauvais tour à toutes leurs actions. On répand contre eux des calomnies & de faux rapports. On publie des vaudevilles & des lampons pour les dénigrer. On tient sur leur compte des discours desobligeans & injurieux. Que ne dit-on point, que ne fait-on point, soit pour les tourner en ridicule, soit pour les rendre odieux ? Or il me paroît que des Ministres doivent avoir des talens tout-à-fait extraordinaires, s'ils savent se mettre à couvert de tant d'art & de tant de force, & empêcher l'effet de la malice & de l'envie de tant de personnes, qui les attaquent tous à la fois. Un Homme doué d'une prudence & d'une grandeur d'ame commune, ne sauroit au milieu de tous ces obstacles se maintenir seulement une année dans un tel Poste, beaucoup moins s'y soutiendroit-il pendant plusieurs années, quand même il connoîtroit fort bien le monde, & qu'il réuniroit en sa personne toute la vertu, toute la fidélité, & toute l'intégrité possible. D'où je conclus qu'il y a sûrement quelque Sophisme dans vos raisonnemens.

Cleo. Il faut que je ne me sois pas bien exprimé, ou que j'aïe eu le malheur d'être mal entendu. Lorsque j'ai insinué qu'on pouvoit être Prémier Ministre sans posséder des talens extraordinaires, je n'ai considéré ce Prémier Ministre que par rapport à ses fonctions; occupations dont seroient chargés le Roi & son Conseil, s'il n'y avoit pas un semblable Officier qui en prît soin.

Hor.

Hor. Pour diriger & conduire toute la machine du Gouvernement, il faut qu'il soit Homme d'Etat consommé; c'est-là un prémier point.

Cleo. Vous avez des idées trop sublimes de ce Poste. Savez-vous qu'il n'est point de qualité dont les Hommes soient capables, qui soit au dessus de celles que renferme l'idée d'un Homme d'Etat consommé. Pour mériter ce nom, il faut être bien versé dans l'Histoire ancienne & moderne, & être parfaitement au fait de l'état de toutes les Cours de l'*Europe*: non seulement il doit connoître l'intérêt public de chaque Nation, mais encore les vues particulières, & en même tems les inclinations, les vertus & les vices des Princes & des Ministres. La Géographie, les bornes, & les productions de tous les Païs de la Chrétienté lui doivent être parfaitement connues, aussi-bien que les Villes principales: le Commerce & les Manufactures qu'il y a: les Forteresses, leur situation, leurs avantages naturels, la force & le nombre de leurs Habitans. Il faut qu'il ait étudié les Hommes aussi bien que les Livres, & qu'il connoisse parfaitement la Nature Humaine, l'usage des Passions. De plus il doit être si habile à cacher les sentimens de son cœur, qu'il soit même maître des traits de son visage & de son air. Tous les stratagêmes & toutes les fourberies propres à arracher les secrets des autres, doivent lui être familiers. Tout Homme qui n'aura pas toutes ces qualités, ou qui du moins n'en aura pas la meilleure partie, & qui outre cela n'aura pas une grande expérience dans les Affaires, ne pourra jamais être appellé avec justice un Ministre d'Etat consommé. Cependant il peut très-bien être Prémier Ministre, sans avoir la centième partie de ces qualités. Comme c'est la faveur du Roi qui crée les Prémiers Ministres, & qui attache à leur Poste plus d'autorité & de profit qu'à tout autre, c'est aussi la même faveur qui est le seul fondement sur lequel ceux qui sont revêtus de cet Emploi se peuvent appuïer. Delà vient que dans toutes les Monarchies, les plus Ambitieux recherchent toujours ce Poste comme la plus grande récompense : ils croient communément que les fonctions en sont aisées, & que la seule difficulté consiste à l'obtenir & à le conserver. Que conclure de cela ? C'est que les qualités dont j'ai posé pour former un Ministre d'Etat consommé, sont absolument négligées, & qu'ils s'appliquent uniquement à d'autres, dont l'usage est beaucoup plus grand, la pratique plus aisée, & l'acquisition moins pénible. Les talens que vous observez dans les Prémiers Ministres, sont d'un autre genre : ils consistent à être des Courtisans accomplis, & à savoir parfaitement l'art de plaire, & de flatter avec adresse. Leurs fonctions ordinaires sont de procurer à leur Prince tout ce qu'il peut de-

defirer, auffitôt qu'ils connoiffent fes defirs, & de lui fournir inceffamment les plaifirs pour lefquels il les a appellés. On n'aime pas plus à demander qu'à fe plaindre. Or fi vous forcez le Prince à vous demander quelque chofe, il fe plaindra; & & il faut que les Courtifans foient bien ruftres pour obliger un Prince à faire cet acte de foumiffion. Un Miniftre poli va donc au devant des defirs de fon Maître, & procure tout ce qu'il a prévu devoir lui faire plaifir, fans lui donner la peine de le dire. Tous les Flatteurs, & même les plus communs, peuvent louer & exalter fans diftinction tout ce qu'il dit ou qu'il fait, & trouver de la fageffe & de la prudence dans les actions les plus indifférentes: mais il n'appartient qu'à un Courtifan habile, de mettre un beau verni fur les imperfections manifeftes, & de donner à toutes les foibleffes, à toutes les fautes de fon Prince, l'apparence des vertus les plus fublimes, ou, pour parler plus jufte, à les rendre les moins contraires à ces vertus. Par la pratique exacte de devoirs fi néceffaires, on peut long-tems fe conferver la faveur des Princes, & l'acquérir aifément. Quiconque aura l'art de fe rendre agréable à une Cour, manquera rarement d'être cru néceffaire; & dès-qu'un Favori s'eft une fois acquis la bonne opinion de fon Maître, il ne lui eft point difficile d'avancer fa Famille, d'avoir l'oreille du Roi, & d'éloigner

tous

tous ceux qui ne font pas du nombre de ses Créatures. Avec le tems il ne trouvera plus aucune difficulté à éloigner du Gouvernement tous ceux qu'il n'a pas mis en place, & à faire échouer tous ceux qui pour s'élever cherchent d'autres Protecteurs que lui. Un Prémier Miniſtre a par ſon Emploi un grand avantage par-deſſus ceux qui lui ſont contraires : un de ſes principaux avantages eſt qu'il n'y a jamais eu qui que ce ſoit dans ce Poſte, qui n'ait eu une grande quantité d'Ennemis, qu'il ait aimé l'argent, ou qu'il ait uniquement aimé ſa Patrie, aucun n'en a été excepté. Or comme perſonne n'ignore les diſpoſitions où l'on eſt envers ces Meſſieurs, les Juges les plus impartiaux & les plus raiſonnables n'ajoutent point foi aux accuſations qu'on fait contre les Miniſtres, lors même qu'elles ſont vraies. J'avoue que ſi le Favori faiſoit par lui-même, & lui ſeul, tout ce qui pourroit écarter l'envie, & faire échouer la malice dont il eſt attaqué de tous les côtés, il faudroit aſſurément qu'il poſſédât des talens extraordinaires, une grande capacité, accompagnée d'une vigilance & d'une application continuelles. Mais ce n'eſt point-là le cas, c'eſt l'ouvrage de leurs Créatures, ainſi la tâche eſt diviſée entre pluſieurs Perſonnes. Quiconque dépend à quelque égard de lui, quiconque attend quelque choſe de ſa faveur, travaille de tout ſon pouvoir, comme ſi la choſe le

re-

regardoit en propre, *prémièrement*, à exalter son Patron, à louer ses vertus & son habileté, & à justifier sa conduite : *en second lieu*, à déclamer contre ses Ennemis, à ternir leur réputation, & à faire jouer contre eux tous les ressorts & tous les stratagêmes dont ils se servent pour supplanter le Ministre.

Hor. A votre compte tout Courtisan bien policé est capable d'être Prémier Ministre. On ne lui demande ni sience, ni éloquence, ni habileté dans les Affaires Politiques, ni quelque autre qualité semblable.

Cleo Aucune autre qualité que des plus communes, & des plus faciles à se procurer ? Il est nécessaire qu'il ait tout au moins le sens commun, & qu'il n'ait aucune foiblesse ou imperfection trop remarquable. Or l'on trouve dans toutes les Nations bien des gens de ce mérite-là. Un Prémier Ministre doit avoir passablement de bien, & de la santé : mais il faut qu'il puisse goûter du plaisir dans la vanité, afin qu'il sente tout ce qu'il y a d'exquis dans la vue d'une multitude de Courtisans qui assistent régulièrement à son lever, dans les placets, les profondes inclinations de corps, & les basses soumissions des Sollicitans, & dans tout le reste de l'attirail des hommages qu'on ne cesse de lui rendre. Entre toutes les qualités qu'il doit avoir, il faut nécessairement qu'il soit hardi & résolu, de manière qu'on ne puisse aisément l'offenser & le démonter. Si outre cela il a une bonne mémoire, qu'il soit en état de n'être point embarrassé par la multitude des affaires, & qu'au moins il ne paroisse jamais ni embarrassé ni inquiet, ce qui lui tiendra lieu de présence d'esprit, on ne manquera pas d'élever sa capacité jusqu'aux nues.

Hor. Vous ne dites rien de sa vertu & de sa probité. On est obligé de confier bien des choses à un Prémier Ministre. S'il étoit avare, & qu'il n'eût pas de probité, ni d'amour pour sa Patrie, il pourroit faire de terribles ravages dans le Tréfor Public.

Cleo. Il n'est point d'Homme qui ait une prudence commune, & quelque vanité, & qui par-là même fasse quelque cas de sa réputation, qui n'ait assez de motifs pour s'empêcher de dérober dans les occasions où il risqueroit beaucoup d'être découvert, & d'être sévèrement puni : sa morale pourra être aussi relâchée qu'il vous plaîra ; la crainte de perdre sa réputation & la vanité, suffisent pour le rendre prudent dans un cas si délicat.

Hor. Mais on a en lui une grande confiance, dans des cas où il ne seroit pas possible d'éclairer sa conduite. Par exemple, on lui confie de grosses sommes pour récompenser des Personnes qui rendent à l'Etat des services secrets. Le bien du Royaume exige qu'on ne demande jamais comp-

compte de pareilles dépenses, ni en général ni en particulier. Dans les Négociations qu'il fait avec d'autres Cours, il pourroit uniquement se laisser conduire par son intérêt particulier, sans beaucoup s'embarrasser de la Vertu & du Bien Public. N'est-il pas en son pouvoir de trahir sa Patrie, de vendre la Nation, & de commettre toutes sortes de crimes?

Cleo. Non; cela ne sauroit arriver parmi nous, où le Parlement s'assemble toutes les années. Dans les Affaires Etrangères, on ne peut traiter rien d'important qui ne doive être publiquement connu. Si donc il arrivoit qu'on fît, ou qu'on entreprît quelque chose qui fût évidemment contraire au bien du Roïaume, ou seulement qui parût telle à ceux de la Nation & aux Etrangers, il s'élèveroit partout des rumeurs, qui mettroient le Ministre en grand danger. Or il n'y a point d'Homme qui ait quelque prudence, qui voulût jamais s'y précipiter, à-moins qu'il ne fût résolu de sortir de son Païs. Pour ce qui regarde l'argent destiné à païer les services secrets, & les autres sommes que les Ministres ont à leur disposition, & sur lesquelles leur pouvoir n'est point limité, je ne doute point qu'à cet égard ils n'aïent beaucoup d'occasions de piller le Trésor de la Nation. Mais il leur faut beaucoup d'adresse & de circonspection, s'ils veulent n'être pas découverts, environnés comme ils sont de tant de Surveillans, qui
ambi-

ambitionnent leur Poste, & qui éclairent toutes leurs actions. Les animosités qui règnent entre les Antagonistes ambitieux, les disputes qu'il y a entre les différens Partis, contribuent beaucoup à la sureté de la Nation.

Hor. Mais cette sureté ne seroit-elle pas plus grande, si l'on donnoit les Emplois à des Gens d'honneur & de sens, qui à des connoissances & à de l'application joignissent la frugalité ?

Cleo. Oui sans-doute.

Hor. Quelle confiance peut-on avoir en la justice ou en l'intégrité de Gens qui dans toutes les occasions se font connoître pour sacrifier aux Richesses, qu'ils aiment uniquement ? Quelle confiance peut-on avoir en la justice ou en l'intégrité de Gens qui par leur manière de vivre, montrent évidemment que leurs revenus ne sauroient suffire pour soutenir les dépenses qu'ils font, & satisfaire toutes leurs fantaisies ? Enfin, ne seroit-ce pas un grand encouragement à la vertu & au mérite, si l'on excluoit des Postes honorables & lucratifs tous ceux qui manquent de capacité, qui haïssent les affaires, tous les Avares, les Ambitieux, les Hommes vains & voluptueux ?

Cleo. Personne ne vous dispute cela. Si la Vertu, la Religion, & le Bonheur à venir étoient recherchés par le plus grand nombre, avec le même empressement, qu'on recherche les Plaisirs sensuels, fuels, la Politeſſe, la Gloire mondaine, il vaudroit ſans-doute mieux qu'il n'y eût dans aucune des Places du Gouvernement, que des Gens dont la bonne conduite & l'habileté fuſſent bien connues. Mais il faudroit être fort ignorant dans les Affaires Humaines, pour oſer eſpérer que la choſe arrive jamais dans un Roïaume grand, opulent & floriſſant. Quiconque met au rang des avantages nationnaux une tempérance, une frugalité & un desintéreſſement général & univerſel, & qu'en même tems il demande au Ciel l'aiſe, l'abondance & l'accroiſſement du Commerce, ignore, à ce qu'il me ſemble, tout ce que renferment ces prières. Puis donc qu'il n'eſt pas poſſible d'obtenir ce qui inconteſtablement ſeroit le meilleur, tâchons du-moins de nous procurer l'état qui en approche le plus. Alors nous trouverons que de tous les moïens poſſibles pour mettre en ſureté, pour conſerver les Nations, & pour leur procurer en même tems tout ce qu'elles eſtiment le plus, il n'en eſt point de meilleur que d'affermir la conſtitution du Gouvernement par de ſages Loix, & de trouver une forme d'Adminiſtration qui empêche que le manque de connoiſſances ou de probité dans les Miniſtres, ne cauſe beaucoup de dommage au Bien Commun. C'eſt ainſi que les Perſonnes dont la capacité & la probité ſeront aſſez médiocres, pourront deſſervir les Emplois les plus impor-

importans & les plus délicats. L'Administration Publique doit toujours aller son chemin, c'est un Vaisseau qui ne peut jamais être à l'ancre. Les Ministres les plus savans, les plus habiles, les plus vertueux, les moins avares, sont les meilleurs ; mais cependant il faut nécessairement qu'il y ait des Ministres. Les juremens & l'ivrognerie sont des vices crians, communs parmi les Mariniers ; & je crois qu'il seroit à souhaiter pour le bien de la Nation qu'on réformât cet abus, si la chose étoit possible. Cependant il nous faut des Matelots ; & si l'on ne recevoit sur les Vaisseaux de Sa Majesté, que des gens qui n'auroient jamais juré que mille fois, ou qui ne se seroient enivrés que dix fois en leur vie, je suis persuadé que le Service de Mer souffriroit beaucoup d'un règlement fait à si bonne intention.

Hor. Pourquoi ne pas trancher le mot, & ne pas dire qu'il n'y a vertu ni probité dans le Monde ? Par tous vos discours on voit que vous en voulez venir-là.

Cleo. Je me suis suffisamment expliqué sur ce sujet dans une de nos conversations précédentes ; ainsi j'ai lieu de m'étonner que vous me chargiez encore d'une chose que j'ai déjà expressément niée. Jamais je n'ai cru qu'il n'y eût dans le Monde aucune Personne vertueuse & religieuse. Si sur ce point je diffère des Flatteurs de notre espèce, ce n'est que sur le nombre des Honnêtes Gens ; & je suis
per-

persuadé que vous-même, à la lettre, vous ne croïez pas qu'il y ait dans le Monde autant de Personnes vertueuses, que vous paroissez le supposer, ni même que vous vous l'imaginez.

Hor. Comment donc? Sans-doute vous connoîtrez mieux mes propres pensées, que je ne les connois moi-même.

Cleo. Vous savez que je vous ai déjà fondé sur cet article, en exaltant ridiculement, & en couvrant d'un beau vernis, le mérite de tous ceux qui remplissent les divers Postes de la Société, depuis ceux du plus bas ordre jusqu'à ceux du plus haut. Par-là j'ai clairement compris que vous n'avez pas une fort haute idée du Genre Humain en général. Quand nous descendons dans le particulier, vous devenez aussi sévère & aussi critique que moi-même. Permettez-moi de vous faire faire cette observation, qui mérite votre attention. La plupart du monde, pour ne rien dire de plus, souhaitent de passer pour gens impartiaux; cependant rien n'est plus difficile que de ne pas se laisser prévenir, lorsqu'on a dans le cœur quelque passion, de l'amour ou de la haine. Quelque juste & équitable qu'on soit, jamais nos Amis ne sont aussi bons, ni nos Ennemis aussi mauvais que nous les représentons, lorsque nous sommes en colère contre ceux-ci, ou fort contens de ceux-là. Pour moi, je ne crois pas, généralement parlant, que

les

les Prémiers Miniſtres ſoient pires que leurs Adverſaires, qui, conduits par leur intérêt particulier, les diffament, & remuent ciel & terre pour obtenir leurs Places. Prenons deux Perſonnes diſtinguées par leur qualité dans quelque Cour de l'*Europe* : ſuppoſons que ces deux Perſonnes qui ont une capacité & un mérite égal, & autant de vertus ou de vices l'un que l'autre, ſoient dans des Partis contraires : ſuppoſons de plus que l'un ſoit en faveur, tandis que l'autre eſt négligé : dans ce cas, je dis que celui qui occupe l'Emploi le plus éminent, ſera toujours applaudi par ſon Parti ; & s'il réuſſit paſſablement bien, ſes Amis attribuéront à ſa bonne conduite tous les bons ſuccès, & à des motifs louables toutes ſes actions, tandis que ceux du Parti oppoſé ne lui trouveront ni vertu ni ſageſſe. Suivant ceux-ci, ſes paſſions ſeront les ſeuls principes de ſes démarches ; & s'il lui arrive quelque deſaſtre, ils aſſureront que jamais cela ne ſeroit arrivé, ſi leur Patron avoit occupé ce Poſte. Ainſi va le monde. Quelle différence n'y a-t-il pas ſouvent entre les idées que les Membres d'un même Roïaume ont de leurs Chefs, & de ceux qui ſont au timon des Affaires, lors même que leurs ſuccès ſont étonnans ! Nous avons été témoins qu'une partie de la Nation a attribué les victoires d'un Général, uniquement à la connoiſſance conſommée qu'il avoit des Affaires Militaires, & à

ſon

SIXIEME.

son éminente capacité pour exécuter. On disoit qu'il étoit impossible qu'un Homme supportât jamais toutes les fatigues & tous les travaux qu'il supportoit avec joie, & qu'il s'exposât à tous les dangers auxquels il s'exposoit, s'il n'avoit été soutenu & animé par le vrai Héroïsme, & par l'Amour de la Patrie le plus pur & le plus généreux. Telle étoit, vous le savez, l'opinion qu'une partie de la Nation avoit de ce Général; tandis qu'une autre partie donnoit à ses Troupes toute la gloire de ses heureux succès, & aux soins extraordinaires qu'on prenoit en *Angleterre* pour entretenir son Armée. On disoit que toute sa conduite démontroit qu'il n'avoit jamais été ni soutenu, ni animé que par une ambition excessive, & par une soif ardente des richesses.

Hor. Je pourrois bien même avoir parlé comme ces derniers. Mais, après tout, le Duc de *Marlborough* étoit un très-grand Homme, un Génie extraordinaire.

Cleo. Assurément qu'il l'étoit, & je suis charmé de vous entendre enfin faire cet aveu.

„ Pendant que la Sagesse éclaire cette Terre,
„ Les Mortels envieux lui déclarent la guerre:
„ Cette même Vertu, venant à les quiter,
„ Par ces lâches se fait fort longtems regreter. *

* *Virtutem incolumem odimus,*
Sublatam ex oculis quærimus invidi.
Horat. Lib. III. Od. XXIV.

Tome IV. Q Hor.

Hor. A propos, faites-moi le plaisir de suspendre votre discours pendant quelques minutes. Ce petit répit vous donnera le moïen de reprendre haleine.

Cleo. Ne faites point de compliment, je vous en prie, vous êtes maître ici. D'ailleurs nous avons assez de tems. Auriez-vous besoin de sortir ?

Hor. Non : mais je me rappelle dans ce moment une chose, que j'ai déjà eu plusieurs fois dessein de vous demander : je veux parler de cette Epitaphe que votre Ami a faite sur le Duc.

Cleo. De *Marlborough* ? De tout mon cœur. Avez-vous du papier ?

Hor. Je l'écrirai sur le revers d'une Lettre avec mon craïon. Comment commencent ces Vers ?

Cleo. *Qui Belli, aut Pacis virtutibus astra petebant.*

Hor. Fort bien.

Cleo. *Finxerunt homines sæcula prisca Deos.*

Hor. J'ai cela : mais dictez-moi un Distique tout à la fois, le sens en est plus clair.

Cleo. *Quæ Martem sine patre tulit, sine matre Minervam, Illustres mendax Græcia jactet avos.*

Hor. Voilà réellement une belle pensée. Il faut du courage & de la conduite. Ce sont-là les deux qualités dans lesquelles il excelloit. Voïons le reste.

Cleo.

CLEO. *Anglia quem genuit jacet hác Homo conditus urnâ,*
Antiqui qualem non habuere Deum.

HOR. ―――― Je vous remercie. Vous pouvez continuer pour le préfent. Depuis que je vous ai entendu réciter ces Vers pour la prémière fois, j'ai vu plufieurs chofes qui en font manifeftement empruntées. N'ont-ils jamais été imprimés?

CLEO. Je ne le crois pas. Je les vis le même jour que le Duc fut enterré, & depuis ce tems-là ils ont couru en manufcrit; mais jamais je ne les ai vu imprimés.

HOR. Ils valent, à mon avis, toute fa FABLE DES ABEILLES.

CLEO. Si vous les trouvez fi fort de votre goût, je puis vous en faire voir une traduction, qu'un Gentilhomme d'*Oxford* en a faite dernièrement. Le papier fur lequel je l'ai copiée, ne fera pas égaré. La traduction n'eft pas extrêmement littérale; mais il me paroît qu'elle conferve les principales idées.

HOR. C'eft auffi tout ce qu'il faut.

CLEO. Je ne fai fi vous pourrez lire mon écriture, j'ai griffonné ce papier fort à la hâte.

HOR. Il eft très-lifible.

„ La fabuleufe Grèce a par reconnoiffance
„ Mis au rang de fes Dieux tous ceux dont la prudence,

,, Et l'héroïque ardeur, en guerre comme en
   paix,
,, Ont illuſtré leur nom par de glorieux faits:
,, Mais ni Pallas, ni Mars, ces Héros de la Fable,
,, Au fameux Marlborough ne ſont point
   comparables.

Cela eſt fort bon.

Cleo. Je l'avois trouvé auſſi, & je trouve même que la traduction va mieux & plus directement au but que l'original.

Hor. Voulons-nous à préſent reprendre notre converſation?

Cleo. Je parlois de la partialité qui règne dans les jugemens humains, & je vous rappellois l'étonnante différence qu'il y a entre les jugemens que les Hommes portent des mêmes actions, ſuivant qu'ils aiment ou qu'ils haïſſent les Perſonnes qui les font.

Hor. Oui; mais avant vous déclamiez contre la néceſſité que je croïois qu'il y avoit de mettre à la tête des affaires des Perſonnes dont le mérite, les talens & les qualités fuſſent grands & extraordinaires. Avez-vous quelque nouvelle réflexion à ajouter ſur ce ſujet?

Cleo. Non, ou du moins je ne m'en rappelle aucune que j'aïe omiſe.

Hor. Je ne crois point qu'en enſeignant ces choſes, vous vous propoſiez de mauvais deſſeins. Mais ſuppoſons que vous n'aïez rien avancé que de vrai, il me paroît qu'en publiant de ſemblables opinions,

vous

vous contribuez nécessairement à augmenter la nonchalance & l'ignorance. Car si l'on peut remplir les prémiers Postes du Gouvernement sans sience ni capacité, sans génie ni étude, dès-là il ne s'agit plus de se casser la tête d'Etudes & de Livres.

Cleo. Vous ne m'avez rien entendu dire de semblable. Tout ce que j'ai dit, c'est qu'un Homme formé par l'Art, peut très-bien représenter, & figurer dans les Postes les plus éminens, & dans les plus grandes Charges, sans posséder des talens extraordinaires. Or la chose me paroît certaine. Pour ce qui est des Ministres d'Etat consommés, je ne crois pas que jusqu'à-présent il y en ait eu sur la Terre trois en même tems qui méritassent ce nom. Il n'y a pas dans le monde le quart de la sagesse, de la sience réelle, ou du mérite intrinsèque que l'on dit qu'il y en a, & que pour nous flater nous nous attribuons. Et de la Vertu & de la Religion, il n'y en a pas réellement la centième partie de ce qui en paroît.

Hor. J'avoue que ceux qui sont conduits par l'avarice & par l'ambition, n'ont d'autre but que de s'enrichir & de parvenir aux Honneurs; & que même pour obtenir ces objets de leurs desirs empressés, toute voie leur est bonne. Il n'en est point de même de ceux qui agissent par des principes de Vertu, & par Amour pour le Public. Ils travaillent avec plaisir à se procurer les connoissances & les qualités qui peuvent les mettre en état de servir leur Patrie. Si donc la Vertu étoit aussi rare que vous les supposez, se trouveroit-il autant de Gens habiles dans chaque profession qu'il y en a? Car dans le fond il y a des Gens savans & capables.

Cleo. Le fondement de toutes nos qualités doit être posé dans l'enfance, & avant que nous soïons en état, ou qu'il nous soit permis de choisir par nous-mêmes, & de juger quelle est la manière la plus utile d'emploïer son tems. C'est à la bonne éducation, & aux soins assidus des Parens & des Maîtres que les Hommes sont en grande partie redevables de leurs perfections; & il y a peu de Parens assez dénaturés, pour ne pas souhaiter de voir leurs Enfans bien élevés. La même tendresse naturelle qui engage les Hommes à se donner des soins pour laisser leurs Enfans riches, les rend aussi empressés à leur procurer de l'éducation. D'ailleurs il est contraire à la Mode, & par conséquent il y a de la honte à les négliger à cet égard. Le principal but que les Parens se proposent en faisant apprendre à leurs Enfans une profession & une vocation, est de leur procurer de quoi vivre. Ce sont les Récompenses, l'Argent, l'Honneur qui ont avancé & encouragé les Arts, les Siences, & mille autres belles choses qui seroient toujours restées dans l'oubli, si les Hommes avoient été moins avares &
moins

moins orgueilleux. L'ambition, l'avarice, & souvent la nécessité, sont les éguillons puissans qui excitent notre industrie, & qui augmentent notre diligence. Quelquefois même ces puissans motifs tirent des gens de la nonchalance & de l'indolence où ils ont vécu jusqu'alors, malgré les exhortations & les châtimens de leurs Pères, qui avoient inutilement tâché de les réveiller de leur létargie pendant la jeunesse. Jamais nous ne manquerons d'Hommes pour remplir les divers Emplois & les diverses Professions de la Société, tandis qu'on y attachera du lucre, des récompenses, & de brillantes prérogatives : & par conséquent dans une Nation grande & polie, il y aura toujours en abondance des Savans de toute sorte, tandis que ce Peuple sera dans un état florissant. Les Personnes riches, & les autres qui peuvent fournir à la dépense, manquent rarement de donner à leurs Enfans une teinture de Litérature. C'est de cette source intarissable que sortiront incessamment plus de gens qu'il n'en faut pour remplir toutes les Professions & les Emplois qui demandent quelque connoissance des Langues savantes. Parmi ces Jeunes-gens qu'on fait étudier, il y en a qui ne s'appliquent point, d'autres qui abandonnent l'étude dès-qu'ils sont devenus leurs maîtres. D'autres cependant prennent toujours plus de goût pour les Siences, à mesure qu'ils avancent en âge :

Q 4

ceux-

ceux-ci font la plus grande partie ; on aime naturellement les objets dont l'acquisition nous a couté de la peine. Parmi les Personnes riches il s'en trouve qui se plaisent à l'étude, comme on y en trouve de paresseux. Donc chaque Sience aura ses admirateurs, suivant le goût de ceux qui s'y attacheront : & il y a à cet égard une si grande variété, qu'il n'y aura aucune partie des Siences qui ne soit cultivée par quelqu'un, sans qu'il puisse donner de cette prédilection des raisons meilleures que celles qui ont déterminé quelques Personnes à chasser, & d'autres à trouver du plaisir à la pêche. Voïez les travaux & les peines sans nombre que se donnent les Antiquaires, les Botanistes, & ceux qui font des collections de Papillons, de Coquillages, & d'autres productions merveilleuses de la Nature. Pensez aux termes magnifiques usités dans ces diverses études, à ces noms pompeux qu'on a souvent donnés à ces objets que les Personnes dont le goût est différent, regardent comme indignes d'occuper des Mortels. La curiosité est souvent un attrait aussi puissant pour le Riche, que le lucre peut l'être pour le Pauvre. La vanité produit en quelques-uns, ce que l'intérêt produit en quelques autres ; & un heureux mélange de ces deux principes, a quelquefois produit des choses très-merveilleuses. N'est-il pas surprenant qu'un Homme raisonnable puisse dépenser quatre ou
cinq

cinq mille *Pièces* par an, ou ce qui revient au même, perdre l'intérêt de plus de cent mille *Pièces*, & cela pour avoir la réputation de posséder des raretés & des babioles en grande quantité, dans le même tems que cet Homme aime l'argent, & qu'il en est l'esclave sur ses vieux jours? Ce sont les espérances du gain ou de la réputation, de jouïr de grands revenus, ou de parvenir à des Emplois éminens, qui excitent à la Sience; & lorsque nous voïons que quelque Vocation, quelque Art, ou quelque Sience n'est pas encouragée, nous ne pensons non plus à nous y perfectionner, que les Maîtres ou les Professeurs qui ne sont pas suffisamment dédommagés de leurs peines, soit par l'honneur, soit par le profit, ne sont portés à les enseigner. Je n'excepte pas même de cette règle les saintes Fonctions. Il est peu de Ministres de l'Evangile qui soient assez desintéressés, pour méprifer davantage les honneurs & les pensions qui sont, ou qui doivent être attachés à leurs fonctions, que les autres ne méprisent les récompenses qui accompagnent leur profession. Il seroit bien difficile de prouver qu'entre tant d'Ecclésiastiques qui s'appliquent avec assiduïté à l'étude, il y en ait un grand nombre qui soient soutenus, dans les peines extraordinaires qu'ils se donnent, par l'amour du Bien Public, ou par l'intérêt particulier qu'ils prennent au bon état spirituel des Laïques,

ques. Au contraire, n'est-il pas visible que le plus grand nombre de ces Messieurs sont excités par l'amour de la gloire & par l'espérance de la pension? Est-il extraordinaire de leur voir négliger les articles principaux de la Sience, pour s'attacher aux plus frivoles, lorsque par ces derniers ils peuvent espérer de trouver plus d'occasions de briller que par les prémiers? L'ostentation, l'avarice & l'envie ont fait plus d'Auteurs, que la vertu & la bienveillance. Les Personnes d'une capacité & d'une érudition reconnue, se donnent quelquefois beaucoup de mouvement pour éclipser & pour ruiner la gloire d'un autre. Quel est le principe qui, suivant vous, doit diriger deux Antagonistes, l'un & l'autre pleins de sens & de connoissances, qui, malgré toute leur habileté & leur prudence, ne sauroient cacher aux yeux du Public l'animosité dont leur cœur est rempli, la haine & l'envie qui les excitent à écrire l'un contre l'autre?

Hor. Je ne dirai point que cela prend sa source dans la Vertu.

Cleo. Cependant vous connoissez les originaux de cette peinture en la personne de deux Théologiens très-renommés & d'un grand mérite, qui seroient fort choqués s'ils soupçonnoient que quelqu'un doutât le moins du monde de leur vertu.

Hor. Lorsque les Hommes peuvent,

tous

SIXIEME.

sous prétexte de zèle pour la Religion, ou pour le Bien Public, donner l'essor à leurs passions, ils se donnent de grandes libertés. Quel étoit le sujet de la querelle?

CLEO. *De lanâ caprinâ.*

HOR. Quoi une bagatelle? Je ne puis me la remettre.

CLEO. La dispute rouloit sur la Poësie des anciens Poëtes Comiques.

HOR. Je me la rappelle à-présent.

CLEO. Y a-t-il dans la Littérature un sujet moins important, & moins utile?

HOR. Je ne le crois pas.

CLEO. Le grand sujet de la contestation qui a éclaté entr'eux, est, comme vous le voïez, de savoir qui entend le mieux cette matière, & qui la connoit depuis plus long-tems. Cet exemple, je pense, nous montre que quand même les Hommes seroient conduits uniquement par l'envie, par l'avarice & par l'ambition, il seroit cependant fort probable qu'on cultiveroit dans une Nation aussi opulente & aussi nombreuse que la nôtre, toutes les parties des Siences, même des plus inutiles, dès-qu'elles s'y seroient établies, & qu'il y auroit autant de places d'honneur & de revenus destinées aux Savans.

HOR. Mais si, comme vous l'avez insinué, on peut, avec des connoissances très-bornées, remplir la plupart des Postes, pourquoi se donneroit-on la peine de s'attacher à l'étude? Pourquoi travailleroitroit-on à acquérir plus de fience qu'on n'en a befoin ?

Cleo. Je crois avoir déjà répondu à cette difficulté. Il y auroit plufieurs Perfonnes qui s'appliqueroient, parce qu'ils trouveroient du plaifir à étudier & à avancer en connoiffances.

Hor. Mais il fe trouve des Gens qui étudient avec tant d'application, qu'ils en dérangent leur fanté, & qu'ils abrègent leurs jours, par les efforts extraordinaires qu'il font pour perfectionner leurs lumières.

Cleo. N'y a-t-il pas de même un grand nombre de Perfonnes qui affoibliffent leur tempérament, & qui fe donnent réellement la mort à force de boire : vice qui procure cependant un plaifir beaucoup plus déraifonnable, & beaucoup plus fatiguant. Au refte, je ne nie pas abfolument qu'il n'y ait des Gens qui prennent la peine de cultiver leur efprit pour rendre fervice à leur Patrie : tout ce que j'affure, c'eft que le nombre de ceux qui font les mêmes chofes pour fe rendre fervice à eux-mêmes, fans aucun égard pour leur Patrie, eft infiniment plus grand. Mr. Hutcheson, dans l'Ouvrage qu'il a écrit, intitulé, *Recherches fur l'origine de nos idées concernant le Beau & la Vertu*, fait paroître beaucoup d'habileté pour pefer & pour mefurer la quantité d'affection, de bienveillance &c. Je fouhaitterois à-préfent que quelque curieux Métaphyficien fe donnât la peine

peine de penser à loisir deux choses séparément. *Prémièrement*, l'amour réel que les Hommes ont pour leur païs, indépendamment de l'intérêt particulier. *En second lieu*, le desir ambitieux qu'ils ont de vouloir passer pour gens qui agissent par cet amour, quoiqu'il n'en sentent point. Il faudroit qu'ensuite il prît tout ce qu'il pourroit ramasser de ces deux qualités dans quelque Nation, & qu'il nous montrât par sa méthode mathématique la proportion qu'elles ont l'une avec l'autre. On ne sauroit disconvenir que c'est non le soin des autres, mais le soin de nous-mêmes que la Nature a confié & commis à chaque Individu. Lorsque les Hommes cherchent à briller par quelques moïens extraordinaires, ils ont pour but d'en tirer quelque avantage : ils veulent surpasser les autres, faire parler d'eux, être préférés à ceux qui suivent la même vocation, & qui courent aux mêmes faveurs.

Hor. Croïez-vous qu'il soit probable, que les Personnes qui ont des talens & des connoissances soient préférées aux autres qui ont moins de capacité ?

Cleo. Oui, je le crois *cæteris paribus*; car la question change, si tout le reste n'est pas égal.

Hor. Vous devez donc avouer qu'il doit du moins y avoir des principes de Vertus dans ceux qui disposent des Emplois.

Cleo. Je n'ai point dit qu'il n'y en eût

eût pas; mais il revient aussi de la gloire & de l'honneur aux Gens en crédit qui avancent les Personnes de mérite; & quiconque aïant un bon Bénéfice à distribuer y appelle un Homme capable, est applaudi, chaque Paroissien croit lui avoir une obligation particulière. Une Personne susceptible de vanité n'aime pas plus à voir son choix condamné, & à être diffamé dans le monde, qu'un Homme vertueux. L'amour de l'applaudissement, qui est inné en nous, suffiroit seul pour engager le général des Hommes, & même la plus grande partie des Vicieux, à choisir le plus digne des Candidats. Cela même arrivera toujours, si ce mérite leur est connu, & qu'il ne s'élève pas des motifs plus puissans, comme ceux de parenté, d'amitié, d'intérêt, ou d'autres motifs semblables, qui empêchent l'effet de celui dont je parle.

Hor. Mais votre Système ne porte-t-il pas que ceux-là seront plutôt préférés, qui sont les plus lâches Adulateurs?

Cleo. Parmi les Personnes habiles il s'en trouve qui, capables d'art & d'adresse, peuvent s'appliquer à l'étude sans négliger le monde. Ce sont-là des gens qui savent comment il faut s'y prendre avec les Personnes de qualité, & qui savent tirer de leurs talens & de leur habileté le meilleur parti possible, pour se concilier la protection des Grands. Examinez seulement la conduite & les démarches de ces

émi-

éminens Personnages dont nous avons parlé, & vous connoîtrez quel est le but, quels sont les avantages qu'ils paroissent se proposer dans leurs études pénibles & dans leurs veilles. Lorsque vous voïez des gens qui ont reçu les Saints Ordres fréquenter assidûment les Cours des Princes sans vocation & sans nécessité, lorsque vous les voïez continuellement attendre à la porte d'un Favori & briguer son suffrage, lorsque vous les entendez déclamer contre le luxe du siècle, & se plaindre de la nécessité où ils sont de s'y conformer, & qu'en même tems vous les voïez se piquer dans leur manière de vivre d'imiter le Beau Monde autant qu'ils le peuvent, & trouver de la satisfaction dans les efforts qu'ils se donnent pour approcher de ceux qu'ils ont pris pour modèles : lors, dis-je, que vous voïez tout cela, il est impossible de résister à l'évidence qu'on apperçoit dans ces circonstances réunies : on est obligé de reconnoître les principes par lesquels ils sont conduits, & le but de leurs travaux ; surtout si dès-qu'ils sont en possession de quelque Bénéfice, on les voit solliciter pour un autre Poste qui soit & plus lucratif & plus honorable ; & si dans toutes les occasions on apperçoit qu'ils ambitionnent d'être riches, d'avoir du crédit, de jouïr des Emplois les plus distingués, & de dominer.

Hor. J'ai peu de chose à dire des Prêtres,

tres, & ce n'est pas chez eux que j'irois chercher de la vertu.

Cléo. Cependant vous y en trouveriez tout autant que chez les Personnes de quelque autre profession; mais par-tout il y en a moins qu'il n'y en paroît. Il n'est qui que ce soit, qui voulût qu'on le crût manquer de sincérité, & user de prévarication: avec tout cela il y a très peu de Personnes, même parmi celles qui seroient assez sincères pour avouer ce qu'elles possèderoient, qui voulussent nous apprendre la vraie raison pour laquelle ils le possèdent, & les moïens qu'ils ont mis en usage pour se le procurer. Aussi le contraste qu'on découvre entre les paroles & les actions des Hommes n'est jamais plus sensible, que lorsque nous voulons connoître les sentimens qu'ils ont sur le mérite réel des choses. La Vertu est sans-doute le plus précieux trésor que l'Homme puisse posséder, chacun le dit: mais où est le Païs où on la pratiqueroit, si l'on ôtoit toutes les récompenses qui y sont attachées *? On appelle, d'un autre côté, l'argent la racine de tous les maux, & c'est avec raison. Il n'y a pas eu un Satyrique, ni un Moraliste tant soit peu célèbre, qui n'ait combattu l'attachement que les Hommes ont pour les richesses: ce-

_____
* ——— *Quis enim virtutem amplectitur ipsam,*
Præmia si tollas? ———
Juvenal. *Satyr. X.*

cependant quelles peines ne prend-on pas, quels hazards ne court-on pas pour en amasser, sous prétexte qu'on en veut faire divers bons usages! Quoi qu'il en soit, je crois fermement qu'entre les causes accessoires, il n'en est aucune qui ait plus produit de mal dans le Monde que celle-là : cependant il seroit bien difficile d'en nommer une autre qui fût aussi absolument nécessaire à l'ordre, à l'économie, & à la conservation de la Société Civile, qui, uniquement fondée sur nos divers besoins, ne pourroit se conserver, si l'on en excluoit les services réciproques que nous nous rendons les uns aux autres. Il n'est point dans la vie de soins ni plus grands, ni plus constans, que ceux que nous nous donnons pour engager les autres à s'acquiter envers nous de ces importans devoirs. Mais il seroit déraisonnable d'attendre que les autres servissent pour rien : d'où je conclus que tout le commerce que les Hommes ont les uns avec les autres, doit être un échange continuel qu'ils font d'une chose contre une autre. Le Vendeur qui transfère à l'Acheteur la propriété qu'il a sur une chose, n'a pas moins son intérêt particulier à cœur que l'Acheteur, qui recherche cette propriété : & si vous avez besoin, ou que vous trouviez quelque chose de votre goût, le Propriétaire ne vous la cèdera pas, à-moins que vous ne lui donniez en échange quelque chose qui sera plus de son goût que celle qu'il possède & que vous souhaitez. Il ne se départira jamais de cette règle, quelque abondante que soit la provision qu'il a de cette marchandise, & quelque besoin que vous en aïez. Quel moïen emploïerois-je pour engager quelqu'un à me rendre service, lorsque ce que je pourrois lui rendre lui est inutile, ou qu'il ne s'en soucie pas ? Il n'est personne qui, s'il n'a aucun différend, ni aucun procès avec un autre Membre de la Société, veuille faire quelque chose pour un Avocat. Un Médecin ne peut rien prétendre d'une Famille dont tous les individus sont en parfaite santé. L'argent seul prévient & ôte toutes les difficultés, en fournissant une récompense commode & précieuse pour païer tous les services que les Hommes peuvent se rendre les uns aux autres.

Hor. Mais si les Hommes s'estiment tous plus qu'ils ne méritent, chacun appréciera son travail au-delà de sa valeur. Cela ne découle-t-il pas de votre Système ?

Cleo. Sans-doute, & l'expérience le confirme aussi. Mais ce qu'il y a d'admirable, c'est que plus il y a d'individus dans une Société, plus leurs desirs sont divers & nombreux; plus la coutume a rendu pénible l'accomplissement de ces desirs, & moins ces inconvéniens sont considérables, lorsque l'usage de l'argent est introduit. Si cela n'avoit été ainsi, plus le nombre des Membres de la Société auroit été petit, plus les Hommes se seroient tenus aux besoins

soins absolument nécessaires, plus aussi il leur auroit été facile de s'accorder sur les services réciproques dont je parle. Mais il seroit aussi difficile de procurer tous les agrémens de la vie, & ce qu'on appelle le bonheur temporel, dans une grande Nation civilisée, sans y introduire le langage, qu'il ne l'auroit été d'y vivre agréablement sans l'usage de l'argent ou de quelque équivalent qui en tînt la place. Dèsqu'une fois cet usage est connu, & que les Magistrats y ont l'œil, l'argent sert de mesure commune pour connoître exactement le mérite de chaque chose. Il naît plusieurs avantages de la nécessité. Le besoin où les Hommes sont de boire & de manger, est le lien de la Société Civile. Que les Hommes estiment tant qu'ils voudront leur ouvrage, il sera toujours très-bon marché, si plusieurs personnes sont capables de l'exécuter. Quelque utile qu'une chose puisse être à l'Homme, jamais elle ne sera chère, tandis qu'il y en aura en abondance. C'est la rareté, plutôt que l'utilité, qui hausse le prix des choses. D'où il paroît évidemment, pourquoi ces Arts & ces Siences, qui demandent un génie particulier & peu commun, ou qu'on ne sauroit apprendre qu'avec beaucoup de tems, de peines, d'application & d'ennui, sont plus lucratifs que les autres. De plus, on ne peut disconvenir que dans toute Société une occupation également pénible & vile, que peu d'Ouvriers veulent entreprendre, tombera toujours en partage à ceux qui ne sauroient faire mieux. Mais vous avez pu voir cette idée poussée dans la FABLE DES ABEILLES.

HOR. Aussi l'ai-je très-bien vu. Il y a surtout un endroit remarquable sur ce sujet que je n'oublierai jamais. *Rien*, dit cet Auteur, *ne peut ainsi éguillonner les Pauvres à travailler pour les autres, que leurs besoins. Il est donc de la prudence de les soulager; mais ce seroit une folie que de les guérir* *.

CLEO. Je crois la maxime très-juste, & autant propre à procurer l'avantage réel du Pauvre, qu'à faire goûter des agrémens au Riche. Car parmi ceux qui travaillent, ceux-là seront toujours les moins misérables en eux-mêmes, & les plus utiles au Public, qui étant nés dans la bassesse, & aïant été élevés dans la pauvreté, se soumettront avec joie à leur condition, & ne souhaiteront autre chose par rapport à leurs Enfans, que de les voir leur succéder dans leur basse condition: aussi dès la plus tendre enfance ils les endurciront à la fatigue, & les accoutumeront à la soumission, à la frugalité & aux haillons. Qui sont ceux au contraire que vous croïez les plus malheureux, & les moins utiles aux autres? Ne sont-ce pas ceux qui méprisant le travail auquel ils sont appellés, se plai-
gnent

---

* Voïez Tom. I. Pag. 243.

gnent de la bassesse de leur condition, en ont honte, & qui, sous prétexte de rechercher l'avantage de leurs Enfans, recommandent leur éducation à la charité des autres? Que dis-je! Vous trouverez toujours que la plus grande partie des Pauvres de cette dernière classe, sont des paresseux, des ivrognes, qui, accoutumés à l'intempérance, négligent leurs familles, & pensent uniquement à tirer de la bourse des honnêtes gens autant d'argent qu'ils peuvent, pour diminuer leurs peines, & se dispenser du soin de pourvoir à leurs Enfans.

Hor. Je ne m'érige point en Défenseur des Ecoles de Charité, cependant il me paroît qu'il faut être barbare pour forcer les enfans des pauvres Ouvriers, & toute leur postérité à vivre dans cette condition, & dans cet esclavage, sans que ceux d'entr'eux qui auroient & des talens & du génie, pussent jamais s'élever à un plus haut rang.

Cléo. Je l'avoue, on pourroit regarder cela comme barbare, si effectivement on faisoit ce dont vous parlez, ou qu'on eût dessein de le faire. Mais dans le Christianisme, il n'est aucun ordre de Personnes qui soit forcé d'être esclave, & de voir sa postérité dans cet état. Parmi les Gens du plus bas état, il y a dans tous les Païs des fortunés; & tous les jours nous en voïons quelques-uns, qui sans éducation, & sans protecteurs, s'é-

lèvent par leur induſtrie & par leur application, au deſſus de la médiocrité, & même quelquefois au prémier rang, s'il leur arrive d'aimer l'argent, & de trouver du plaiſir à le ménager : ſentimens dont les perſonnes du commun, & les plus petits génies ſont plus ſuſceptibles, que ceux dont les qualités ſont plus éclatantes. Mais il y a bien de la différence entre empêcher les Enfans des Pauvres de s'élever, & ne pas approuver qu'on force l'éducation de mille d'entr'eux, lorſqu'on pourroit les emploïer plus utilement ſuivant le cours ordinaire des choſes, ſi quelques Riches doivent devenir pauvres, & quelques Pauvres riches. Mais cette bienveillance univerſelle qui engage à faire les efforts les plus induſtrieux pour tirer l'Ouvrier indigent de ſa pauvreté, n'eſt pas moins pernicieuſe à tout un Royaume, que le pourroit être un pouvoir tirannique, qui ſans ſujet priveroit les Gens riches de l'aiſe & de l'abondance où ils vivent. Suppoſons que les ouvrages pénibles & vils qu'il y a à faire par tout le Royaume demandent trois millions de mains, & que tous ces ouvrages ſubalternes ſoient tous exécutés par les enfans des Pauvres, gens illétrés, qui n'ont reçu que peu ou point d'éducation : dans ce cas il eſt évident, que ſi la dixième partie de ces Enfans étoient détournés ou par force, ou par quelqu'autre moïen, de ces baſſes occupations, il arriveroit qu'il manqueroit trois-cent-mille
Hom-

Hommes pour faire tout l'ouvrage qui doit être fait : nombre qui doit être supléé par les Enfans de ceux qui sont nés dans une situation plus élevée.

Hor. De sorte que la charité qu'on exerce envers quelques personnes, doit tourner en cruauté envers quelques autres ?

Cleo. La chose est certaine, n'en doutez point. Dans toutes les Nations bien réglées, il doit y avoir entre les différens ordres une certaine proportion par rapport au nombre, afin que le mélange soit bien & duement fait. Comme donc cette juste proportion est le résultat, & une suite naturelle de la différence qu'il y a dans les conditions, & des vicissitudes qu'on y observe, on ne sauroit rien faire de mieux, que d'empêcher que les conditions ne se confondent. Tout cela nous apprend, combien les Personnes d'un esprit borné peuvent, avec les meilleures intentions du monde, nous faire perdre de cette félicité, qui découleroit naturellement d'une Société nombreuse, si personne n'en détournoit ou n'en interrompoit le cours.

Hor. Je suis incapable de comprendre des matieres si abstraites. N'avez-vous plus rien à dire pour finir l'éloge de l'Argent ?

Cleo. Mon dessein n'est point de parler en faveur de cette institution, ni de la blâmer. Qu'elle soit bonne ou mauvaise, toujours est-il certain que son pouvoir & son empire est d'une vaste étendue, & que son influence n'est jamais plus forte, ni plus universelle, que dans les Empires, les Etats & les Roïaumes où les Connoissances & la Politesse, les Arts & les Siences se trouvent accompagnées d'une grandeur & d'une prospérité extraordinaires. Aussi l'invention de l'Argent monnoïé me paroît-elle plus sagement accommodée au panchant de notre nature, qu'aucune autre découverte. On n'auroit pu trouver un meilleur remède contre l'oisiveté, ou l'opiniâtreté. J'ai souvent vu avec étonnement la manière empressée & vive avec laquelle les gens les plus orgeuilleux, conduits par ce seul motif, rendoient hommage à leurs Inférieurs. L'argent nous procure tous les services, & anéantit toutes les dettes. Que dis-je! il fait plus. Lorsqu'un bon Païeur donne de l'ouvrage à quelqu'un, l'Ouvrier a obligation à celui qui l'occupe, quelque pénible, difficile & ennuïante que soit l'occupation qu'il en exige.

Hor. Ne croïez-vous pas qu'il se trouvât parmi ceux d'un rang élevé, bien des personnes qui vous nieroient tout cela?

Cleo. Je le crois sans doute; mais ils auroient tort, à moins qu'eux-mêmes ils ne recherchassent point de l'occupation & de l'emploi.

Hor.

Hor. Ce que vous dites est vrai à l'égard des Mercenaires: mais sur les cœurs généreux qui méprisent le lucre, l'Honneur a plus de pouvoir que l'Argent.

Cleo. Les Personnes dont les titres sont les plus fastueux, & qui voient couler dans leurs veines le sang le plus illustre, ne sont point à couvert de l'avarice. Ceux même de la première qualité, qui se distinguent actuellement par leur générosité & par leur magnificence, sont souvent tout aussi sensibles à un gain proportionné à leur élevation, que les plus sordides Artisans peuvent l'être à des bagatelles. Tant de Personnes du prémier rang, qui tous les jours se laissent corrompre, nous montrent qu'il est bien difficile de trouver de ces Personnes généreuses qui méprisent le lucre, lorsqu'elles peuvent espérer de faire des gains considérables. D'ailleurs rien n'est d'un goût plus général que l'Argent, il convient dans tous les états: les Riches & les Pauvres, les Supérieurs & les Inférieurs y trouvent des avantages très-réels. Il n'en est pas de même de l'Honneur, qui n'a que bien peu d'influence sur les Petits, & sur le Commun-Peuple accoutumé à l'esclavage, & qui affecte très-rarement le Vulgaire; tandis que l'Argent étend son pouvoir sur tous les rangs où l'Honneur étend le sien. Disons de même, les Richesses font honneur à tous ceux qui savent en faire ufage, fuivant que la Mode l'exige. L'Honneur au contraire a befoin des Richeſſes pour fe foutenir : fans elles l'Honneur eſt un pefant fardeau, qui accable celui qui en eſt animé. La Pauvreté accompagnée de tîtres d'honneur, eſt plus à charge que la Pauvreté toute feule ; puifque plus un Homme eſt élevé en naiſſance, & plus fes befoins font confidérables, & que plus on a d'argent, & plus on eſt en état de fournir aux dépenfes les plus extravagantes. On ne peut imaginer de meilleur reſtaurant. Je le dis dans le fens naturel, ce reſtaurant opère méchaniquement fur les efprits : car c'eſt non feulement un éguillon qui excite les Hommes à travailler, & un motif qui fait aimer la peine; mais encore il foulage la fatigue, prévient l'ennui, & foutient les Hommes au milieu de toutes les difficultés & de tous les embarras qu'ils ont à effuïer. Un Ouvrier, de quelque efpèce qu'il foit, qu'on païe à proportion de fa diligence, peut faire plus d'ouvrage qu'un autre qu'on païe par jour ou par femaine, & qui a des gages règlés & fixes.

Hor. Ne croïez-vous donc pas qu'il y ait des Perfonnes qui s'acquitent des devoirs de leur vocation avec diligence & affiduïté, lors même que leurs gages font fixés & déterminés ?

Cleo. Oui, je crois qu'il y en a pluſieurs. Mais il n'eſt aucun Poſte, ni aucun

SIXIEME.

cun Emploi où l'on exige, & même où l'on attende une attention aussi scrupuleuse, & une assiduité aussi soutenue qu'on en voit dans ceux qui travaillant par choix, tirent une nouvelle récompense de chaque redoublement de peines & de travail. Jamais vous n'avez vu d'Ouvriers si entièrement dévoués à leur vocation, pour s'acquiter des fonctions qu'elle demande avec autant d'ardeur, de persévérance & de promtitude, s'ils sont païés par année, que le font ceux qui voient les récompenses accompagner proportionnellement leur travail ; soit que ces récompenses précèdent le service qu'on rend aux autres, comme cela a lieu avec les Gens de Loi ; soit qu'elles le suivent, comme chez les Médecins. Je suis persuadé que dans notre prémière conversation vous étiez dans ces idées, & que vous avez insinué la même opinion.

Hor. Vous pouvez dire tout ce qu'il vous plaîra.

Cleo. Vous n'êtes pas fâché de ce que j'ai dit?

Hor. Assurément je le suis. J'aurois été charmé de vous entendre parler des Rois, & des autres Souverains avec la même candeur, & la même liberté que vous avez traité les Prémiers Ministres & leurs envieux Adversaires. Lorsque je vois un Homme impartial, je lui fais toujours la justice de penser que s'il se trompe dans

ce

ce qu'il dit, il est du moins sûr qu'il tâche de trouver la vérité. Plus j'examine vos sentimens sur ce que je vois dans le Monde, & plus je les approuve: & si ce matin j'ai paru vous faire quelques objections, je n'ai eu en vue que de m'éclaircir, en vous donnant occasion de vous expliquer vous-même plus amplement. Je suis votre Prosélite, & desormais j'envisagerai la Fable des Abeilles, tout autrement que je ne l'ai envisagée jusqu'à présent. Le stile des *Caractéristiques* peut être meilleur; peut-être même que le Système de la Sociabilité qui y est proposé, est plus aimable, & plus vraisemblable, à cause de l'art merveilleux avec lequel tout y est proposé: cependant l'autre est plus conforme à la vérité & à la nature.

Cleo. Lisez encore une fois cet Ouvrage, & vous conviendrez qu'il n'y eut jamais deux Auteurs qui aient écrit dans des vues si différentes. L'Auteur de la Fable des Abeilles a voulu engager son Lecteur, mettre son esprit dans une assiète agréable, & badiner en un mot pour dévoiler la corruption de notre Nature. Après avoir exposé l'Homme à différens jours, il le place indirectement dans le point de vue nécessaire pour découvrir la nécessité de la Révélation, de la Foi, & de la Pratique du Christianisme.

Hor. Je n'y ai rien vu de semblable. Qu'est-ce que vous appellez indirectement?

Cleo.

CLEO. En expofant d'un côté la vanité du Monde & les plaifirs les plus polis qu'on puiffe s'y procurer, & de l'autre l'infuffifance de la Raifon Humaine & de la Vertu Païenne pour procurer la Félicité. Car je ne vois point quelle autre idée pourroit fe propofer par-là un Homme qui vit dans un Païs Chrétien, & au milieu d'un Peuple dont tous les Individus prétendent rechercher le Bonheur.

HOR. Que dites-vous donc de Milord *Shaftsbury* ?

CLEO. *Prémièrement*, je conviens avec vous que c'étoit un Homme favant, & un Ecrivain très-poli. Il a déploïé une belle & riche imagination, & montré qu'il favoit penfer finement, & exprimer fes penfées avec des expreffions brèves & pleines de force. Mais on doit avouer, que fi d'un autre côté fes fentimens fur la Liberté & fur l'Humanité font nobles & fublimes, & qu'en un mot il n'y a rien de trivial & de vulgaire dans fes *Charactériftiques*; de l'autre côté on ne fauroit nier que les idées qu'il s'eft formé de la bonté & de l'excellence de notre Nature, ne foient romanefques & chimériques, en même tems qu'elles font aimables & belles; & qu'il n'ait pris beaucoup de peine pour réunir deux chofes abfolument contraires, l'Innocence des Mœurs, & la Grandeur Mondaine. Si même on y fait attention, on trouvera que pour parvenir à ce but,

il

il favorise le Déïsme; qu'en faisant semblant de censurer les Fourberies des Prêtres, & la Superstition, il attaque la Bible-même; & qu'enfin, en tournant en ridicule plusieurs passages des Ecrits Sacrés, il montre qu'il veut saper les fondemens de toute Religion Revelée, dans le dessein d'établir la Vertu Paîenne sur les ruines du Christianisme.

F I N.

www.ingramcontent.com/pod-product-compliance
Lightning Source LLC
Chambersburg PA
CBHW050322170426
43200CB00009BA/1427